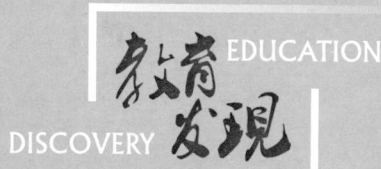

教育发现

爸爸妈妈，我该怎么看书？

7—12岁亲子阅读指导全攻略

谭旭东 著

山东文艺出版社

代　序

代序：陪孩子读书，你做到了吗？

树红霞

亲子阅读，就是父母和孩子一起读书，身边的不少年轻家长都在做。可有的家长只是凭一时兴趣，没有坚持下来，没有养成好的习惯；还有的家长找不到科学的方法，异常困惑，甚至索性当起"甩手掌柜"。那么，亲子阅读该从何做起？亲子阅读又会给孩子带来什么？

儿童文学，母亲给孩子说的悄悄话

亲子阅读的重要性不言而喻。可不少家长在如何选择图书上经常犯愁。笔者逛新华书店的时候，经常会遇到带孩子买书的年轻家长，且一买就是一摞。问及缘由，多半是因为童书太多，挑花了眼，只要孩子想要的索性都买回去。

谭旭东告诉笔者，家长是孩子阅读的引领者，一定要自己先读、多读，熟悉童书的内容，掌握孩子的心理，做足功课。只有这样，家长才会有挑选好书的眼光和指导阅读的能力，才会知道如何把故事讲述得绘声绘色，把儿歌朗诵得富有美感。

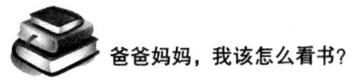爸爸妈妈，我该怎么看书？

"如果爸爸妈妈仅凭一时兴趣断断续续地进行亲子阅读，孩子的阅读习惯就很难养成，对故事乐趣的获得也就仅仅是一时的，而不是长久期待并留恋的。"谭旭东指出，"亲子阅读主要是指在家庭里，在亲情关系牵引下，为了儿童的心智成长，父母进行的以文学阅读为主的教育实践，可以是给孩子读书，也可以是儿童和家长的互动式阅读或家长伴读。"

"我一直反对给孩子列必读书目，那是不尊重孩子。不过，亲子阅读的主要资源应该是儿童文学类图书。"谭旭东说，"有些教育专家过分地强调玩具、游戏和活动的重要性，甚至把知识教育过多地引入儿童教育。但越来越多的人愈发认识到了优质儿童读物不可替代的价值，开始把它当作儿童教育的重要材料。"

儿歌、童话、散文、生活故事、儿童小说等多种文体，具有趣味性、审美性、教育性、启蒙性等，符合儿童心理。有学者把儿童文学比作"艺术的妈妈语""美德的种子""母亲给孩子说的悄悄话"……这些无不证明儿童文学是最适合亲子阅读的。手工类、益智类、卡通类等其他的知识性读物，也可以在亲子阅读中使用，但不是最主要的材料。

给孩子读同一本书，乐趣恰在其中

今天，很少会有家长在给孩子买书上吝啬。可问题在于，有些书买回来利用率并不高。还有不少家长把书直接丢给孩子而去忙别的，很少静下心来与孩子一起阅读，相互交流探讨，更不习惯于总被孩子缠着问这问那。

"书犹药也，善读之可以医愚。"在孩子还不识字时，更需要父母读书

代 序

给其听。"亲子阅读,不是孩子一个人的事。家长再忙,也要坚持挤出时间陪着孩子一起阅读。"谭旭东说,"亲子阅读要达到预期的效果,就应从硬件和软件两方面入手,在家庭营造一种书香气息,家长要先提高阅读意识、阅读技能和文学素养。"

如果孩子有单独的房间,建议在儿童书架上多放一些童书,书架放在光线充足的地方,尽量为孩子创设一个恬静舒服而又童趣化的阅读环境,以便吸引孩子放松地进行阅读。给孩子读书,将有助于他们养成良好的阅读习惯,并培养其对文字的亲近感。

"亲子阅读关键在于行动,就像有了孩子不在家里抽烟一样,爸爸妈妈一定要有责任感。"如果爸爸妈妈一天到晚要孩子读书,自己却不摸书、不读书,这就缺乏说服力。同时,更不能把责任推给爷爷奶奶,不能以隔代教育取代亲子教育。

不过,孩子可能会让父母反复讲同一本书。这在成年人眼里,或许兴趣索然,但孩子往往乐在其中。这时候,家长就需要有足够的耐心。

"一本童话书或者一本图画书,并不是一次性消费品,如果你花了十几元钱买上一本,和孩子一起读一次就不再理它,就是极大的浪费。一个童话故事,只要妈妈愿意费点心,多付出一些热情,连讲十遍,孩子都会很喜欢的。一首童诗,只要爸爸有耐心来朗诵,天天朗诵,孩子都会爱听。"谭旭东给出这样的建议。

给孩子多读故事,而非单纯地讲故事

给孩子讲故事与读故事是两码事。家长应该多让孩子从口语过渡到书

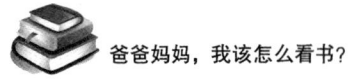
爸爸妈妈，我该怎么看书？

面语。在亲子阅读过程中，家长在为孩子逐字朗读的时候，还可以一边用手指出书上的字，引导他注意每一个字的字形。在阅读中识字，孩子更容易爱上阅读。

"亲子阅读不是单纯地给孩子讲故事，而是运用多样的阅读方法，让孩子在听一听、看一看、玩一玩的阅读过程中感受、体验、掌握阅读内容，唤起儿童的创造力、想象力，以打下良好的学习基础。"谭旭东说，"在这个过程中，父母也重拾了童心，感受了阅读的乐趣，营造了家庭的学习气氛。"家长可以选择多种亲子阅读形式以保持孩子对阅读的兴趣。如朗读、跟读、吟诵这些形式，结合绘画、表演、游戏等活动，可以让亲子阅读形式多样化，让孩子的兴趣得到不断的激发。

谭旭东认为，给孩子读了简短的童话和故事后，最好教孩子转述，这样有助于培养孩子连贯说话的能力，以及孩子听儿童文学作品、回答大人问题、对大人讲的故事加进一些词和句子的能力。这样一来，孩子就能逐渐地学会独立地复述文学作品了。有儿童研究专家认为，4岁的儿童几乎能够逐字逐句地背诵民间童话的全文，并能记住情节的先后顺序。

同时，要让孩子尽早体会到集体阅读之乐。"女儿两岁时，我家住在北京积水潭附近，爱人经常带着女儿参加幼儿园里的亲子班，女儿和别的孩子一起讲述童话故事，每天都玩得很快乐。等到女儿上幼儿园时，她就不害怕幼儿园了。"谭旭东说。

(作者单位系福建日报社)

自序：守望一本书

有一次应邀到北京师范大学贵阳附属小学给老师们做讲座，我讲的题目是"守望教育，就是守望一本书"。

我为什么会用这样的题目？我是有自己的理由的。

学校是个读书的地方。办学校，不是让孩子来玩的，而是让孩子来读书的。在农村，家长把孩子送到学校，总会叮咛一句："孩子，爸爸妈妈让你上学，就是想让你读几本书，多认几个字，不要做目不识丁的人。"真正的学校，除了让学生学书本知识，还要把学生领进阅读的殿堂，让学生爱上读书，愿意读更多的好书。

学校的确是个读书的地方。学校里的几乎每一门课程都是以书籍为载体的。学校里不同年级的设置，也是以不同年龄需要读什么书、学什么知识为依据的。学校里，课堂是激发、培养学生阅读兴趣的重要环境。图书馆和校园文化活动，也要起到引领阅读的作用。尤其是图书馆，应该成为孩子们最爱去的地方。因此，办好一所学校，最重要的是要营造良好的阅读氛围，让学校变成书香校园，让学校变成一个优雅的文化情境。如果我们的孩子在中小学读了十二年书，但还是不爱读书，不会读书，也读不到

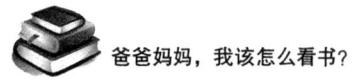 爸爸妈妈，我该怎么看书？

好书，那么，他的中小学教育差不多就失败了。

家庭也是如此。中国有句俗话："三岁看大，七岁看老。"这说明，一个孩子的好习惯、好行为，乃至人格精神，在七岁入学之前就已经打了底子。因此，家庭教育不可忽视。很多家长都喜欢把教育孩子的责任推给老师，把孩子成长的希望寄托在学校和老师身上。这完全是错误的。家庭和学校是两个不同的环境，孩子们的成长既需要家长用心用力，也需要老师用心用力。再好的学校和老师也无法取代家庭和父母的作用，也就是说，不能以学校教育取代亲子教育。家庭教育里很重要的一环，就是营造书香家庭，为孩子提供良好的阅读空间，让孩子们从小爱读书、读到好书、会读好书。所以亲子阅读是值得关注的，尤其是年轻的父母更要做好亲子阅读，在孩子幼小的心田里播下阅读的种子。

"书籍是人类进步的阶梯。""读一本好书，就是和许多高尚的人谈话。""一本好书，就是一轮太阳。"……这些话，都是在描述好书的价值，都是在告诉人们读书的好处。书的迷人之处，在于它用文字描述了世界的生动图景，记录了人类几千年的智慧，传播了人类的情感和思想，把信息、知识和价值一代一代地传递下来。读书还有一个好处，就是让人们可以便捷地通过书籍认识世界和人生。人的时间、精力和金钱是有限的，不可能什么事都要亲身经历、体验和实践，学习间接经验就靠读书，所以读书是最有效率的了解世界和人生的方式，也是最优雅的生活方式。人的自我教育，也主要是通过读书来完成的。读书不但学知识，还长见识、增智慧，同时也提升的人的品格、精神。

无论是学校教育、家庭教育，还是自我教育，都离不开阅读。因此，

自　序

让孩子从小爱上阅读，会读书，读好书，是非常重要的。

可以说，守望教育，就是守望一本书。守望一本书，是文明人的行为，也是文明人的追求；守望一本书，是对文字世界的迷恋，更是对文字世界的敬畏。

目 录

代序：陪孩子读书，你做到了吗？ | 1
自序：守望一本书 | 5

[第一辑]
爸爸妈妈要做读书人

1. 做一个读书人 | 3
2. 读书的快乐 | 5
3. 享受阅读 | 9
4. 不必做藏书家 | 13
5. 我的读书之路和感受 | 17
6. 我的读书方法 | 21
7. 在飞机上读书 | 25

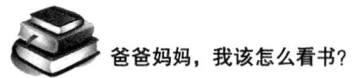
爸爸妈妈，我该怎么看书？

[第二辑]
一起来读书

1. 亲子阅读也适合小学生 | 31
2. 掌握给孩子读童话故事的技巧 | 39
3. 童年需要读名著 | 41
4. 如何与孩子分享阅读的快乐 | 45
5. 绘本阅读的注意事项 | 49
6. 如何阅读桥梁书 | 53
7. 重视寓言文学的价值 | 55
8. 让阅读成为生活习惯 | 57
9. 养成良好的读书习惯 | 61
10. 六年级学生如何高效阅读 | 65
11. 别让 iPad 替代书本 | 69
12. 用书籍呵护孩子的童心 | 71

[第三辑]
把儿童文学精品献给孩子

1. 把儿童文学精品献给孩子 | 77
2. 阅读图画书的乐趣 | 81

3. 中国古典名著导读 | 83

4. 给杭州少儿图书馆推荐的书 | 93

5. 推荐三本家庭教育书 | 97

6. 《我爱动物小百科》系列导读 | 109

7. 《完美小孩养成书》导读 | 113

8. 《于文胜儿童文学作品选》导读 | 117

[第四辑]
书香校园，书香假期

1. 儿童阅读推荐的规矩 | 125

2. 暑假如何安排孩子阅读 | 129

3. "全民阅读"如何才能实现 | 133

4. 幼儿园教师读什么书 | 137

5. 语文教师如何提高儿童文学素养 | 141

6. 阅读课该怎样上 | 145

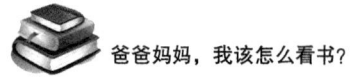

[第五辑]

一份精选的儿童阅读书单

1. 50本适合爸爸妈妈孩子一起读的书 | 151
2. 1~6年级学生整本书阅读书单 | 155
3. 20种适合小学中低年级学生的图书 | 159
4. 给父母开的文学书单 | 161

[第六辑]

对话：浅谈儿童阅读

1. 儿童阅读要吃"营养均衡"的"套餐"
 ——答《南方教育时报》韩宝问 | 167
2. 如何选择适合孩子的好书
 ——答《天津日报》刘颖问 | 173
3. 儿童文学如何回避"成人元素"
 ——答大连《城市生活信息报》记者问 | 177
4. 儿童文学要以质取胜
 ——答《山东女报》李佳蔚问 | 181
5. 暑期阅读要尊重孩子的兴趣
 ——答未来网殷维维问 | 183

目录

6. 社会要负责任地给儿童提供好书
　　——答新华社马超问 ｜ 187

7. 儿童文学作家要和孩子心灵相通
　　——答《劳动午报》记者问 ｜ 191

8. 少儿数字阅读需要良好的引导
　　——答《图书馆报》孙莉薇问 ｜ 195

附录：我专心为孩子们写的童书 ｜ 197

[第一辑]

爸爸妈妈要做读书人

1. 做一个读书人

在一所小学做讲座，我给孩子们讲我童年的故事，也谈了自己读书的体会。我给孩子讲了这样一段话：

如果你只是认真读了课本，会做练习题，你只能算是一个听话的学生。如果你除了认真读课本，还读了一些好书，你可以说是一位不错的读者。但如果你认真读了课本，还读了很多优秀的课外书，尤其是读了很多文学经典，你才是一位真正的读书人。

做一个好学生并不难，只要你有好的学习生活习惯，认真听课，按时完成作业，主动和老师、同学交流。做一位读者也比较容易，读几本文史哲类的书，读一些畅销榜单上的书并不需要花多少时间和精力，也不需要太高的文凭。但做一个读书人，需要有大量的优秀书籍的阅读经验，而且还要善于思考，有自己独特的文字感悟力和理解力，更要有文字创造力。真正的读书人，不只要读很多的好书，还要会思考，会审美，且有教养。读书人，就是有教养的人，就是现代的文明人。

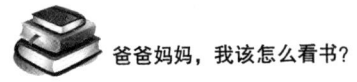 爸爸妈妈，我该怎么看书？

现在很多孩子不爱读书，只喜欢看电视，或者沉湎于网络游戏。还有的孩子也爱读书，不过，读的都是流行读物，有的甚至只是卡通漫画。这不是真正意义上的读书，只能算作消遣。真正的读书，是感受文字的奇妙，享受读书的快乐，在读书的过程中学会审美、修养性情、培育情操、提升品质。跟着流行书单读书的人，不会有高雅的阅读趣味，也很难培养良好的阅读习惯。

读书养心，读书怡人。好书是一扇窗，给你呈现一片蓝天；好书是一座桥，把你引到更新更美的文字世界；好书是一轮太阳，照亮童年的路，点亮生命的灯。

儿童阅读微论

◎儿童刚开始阅读时，还是要读一些语言很精美简练的作品，这样一来，他对简洁优美的文字就有了初步的感知和体会。等读得多了，儿童自然会渐渐地扩大视野，并且能够接受多元化的阅读材料。孩子如果一开始就读不太精美的图书和文字，就会影响阅读趣味。阅读趣味，一定要高。最初的文字熏陶，是奠基。

2. 读书的快乐

读书是很快乐的事。可能有些人会觉得我说的这话矫情。但对一个把读书当作日常生活的一部分的人来说，享受读书之乐恐怕是再自然不过的事了。

也不知道自己是从什么时候开始爱上读书的，只记得上小学时，才认识没多少字，我就开始读家里收藏的《水浒传》《西游记》《童年》《普希金诗选》和《安徒生童话》等中外名著了，到了初中，我几乎接触到了当时能够在书店见到的所有的世界名著。所以，我是很幸运的。小时候家里虽然清贫，但不缺少书香。有书陪伴的童年，别有一番滋味。

前些日子，看到一则讲述以色列人爱读书的报道，说以色列的家庭，差不多都要给孩子订阅刊物，父母也很愿意给孩子买书。上小学时，我就能读到《儿童文学》《中国少年报》和《小溪流》等报刊，它们对我的影响很大。现在想一想，要是童年时没读到那些书报杂志，今天自己会是什么样子呢？前段时间，《儿童文学》杂志邀请我到山东邹城给两所小学做了一天的讲座，其间就有学生问过我这样的问题，我自己也难以给出答案，但有一点是可以肯定的：童年的阅读给了我莫大的快乐，给了我想象

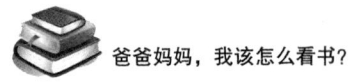 爸爸妈妈，我该怎么看书？

的翅膀。

说起我的人生指路人，当然最早的就是我的父母。父亲是一位普通的中学老师，他教数学，虽然从来没有指导过我做一道数学题，但他勤劳、诚实，对我小时候读课外书并不反对。母亲是一个标准的中国劳动妇女，她曾经在长沙工作，也做过乡村卫生员，但辛苦的劳动并没有让她对读书失去信心，她希望我努力读书，走出贫困闭塞的乡村。母亲朴素的期待一直是我前进的力量。还有我的大姨父，他是一位小学校长，很支持孩子读课外书，所以我很早就能和表哥一起欣赏他家订阅的报纸杂志。后来，我努力学习，克服困难，终于考上了大学，读到博士，也做了博士后研究，有了大学教职，经济状况也不错，在京城也算有了名声，取得了一些成绩，也算是回报了父母和大姨父。

读书让我很快乐，不只是因为它改变了我的命运，最主要的是，读书让我的视野得到了开阔，精神世界有了很大的提升，也让我认识了很多朋友，遇到了很多老师。

记得小时候，刚刚走进书籍世界时，我总是怀着好奇心，或者带着猎奇的心理。那时候读名著，更多的只是读故事，感受情节，把作品里的生活趣味看成是最好的。后来，读得多了，慢慢地迷恋上文字，尤其是对那些优美的文字充满敬畏，甚至也产生了创作美妙文字的欲望和冲动。所以，中学时我就开始模仿一些名家，写点小诗、小散文，甚至也开始编点故事。那时候虽然很幼稚，但的确是对文学怀着憧憬和向往的，也很崇拜那些优秀的作家。

到了大学，读得更多了，也写得多了一些，突然发现，自己也可以发表作品了，而且自己的名字也可以和一些过去在书本里才能见到的作家、诗人的名字列在一起了。那时候，读书的乐趣又更多了一分，读书的动力也更大了。最值得欣慰的是，青春期时，是读书让我走出了孤独，走出了困惑，走出了迷惘。那时候，上了大学包分配，很多同学只要"60分万岁"，并没有清晰的学习目标，甚至无所适从。但爱上读书的我，从文字里找到了方向，找到了美。每当我坐在图书馆里，在灯下翻阅着各种文学期刊和各种文学名著时，总觉得心里特别充实，对前途也充满了信心。后来，大学毕业，我工作很顺利，也一直在努力坚持读书和写作。现在想想，那是一段难忘的岁月，是青春最闪亮的年华。

当然，从大学校园走进社会，也遇到了很多困难，甚至遭遇了很多打击，但每当心里有些颓废，甚至悲观时，总是一本本好书激励了我，引领了我，让我变得宽容，变得更有韧性。

再后来，因为读了不少书，写了不少作品，我渐渐地进入了文学圈，也得到了很多读者的认可。我也交了不少朋友，认识了很多良师。记得在我最初写作时，就有幸得到了"七月派"老诗人曾卓的鼓励，他给我写过信，寄过书；著名诗人李瑛也给我写过信，寄过书，鼓励我写作；还有柯岩，曾经给予我长者的关怀。在京城学习、工作，碰到了很多问题，甚至曾受到各方面的刁难和陷害，但此时我心灵已经非常柔软，又沉浸在美好的文字里，因此任何流言蜚语都难以把我击溃。

现在，我自己编的书、译的书、写的书已经足以装满一个大书架，但读书依然是我生活中最重要的部分。没有什么昂贵的物质能替代一本好书。读书本身就是我生活中最大的快乐。

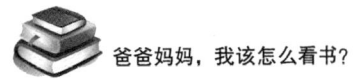 爸爸妈妈,我该怎么看书?

儿童阅读微论

◎曹文轩老师在给我的题词里写道:"一书一世界,一字一灯塔。"这个题词,我很喜欢。阅读就是这样的,一本好书,就是一个世界,至少它给读者打开了一扇通向新的世界的窗口。读完一本好书,即便不能全部理解文字背后的深奥,但其中的每一个字,都会把读者引离蒙昧,引向光明。

3. 享受阅读

阅读和写作,是一个人最基本的语言能力。记得在北京师范大学贵阳附属小学给老师们做讲座时,我讲了自己的阅读体会,谈了自己的一些看法。学语文,最终的目的不是认字、解词、造句,我觉得其要义就是享受阅读与写作。如果学了 12 年语文,却还是不爱读书,没有领略到书的魅力,没有享受到读书的快乐,也不会写作,那就等于白学了。

对中小学生来说,阅读的确非常重要。小学和中学是人生的奠基期,多读书、读好书是非常关键的。"鸟欲高飞先振翅,人求上进先读书。"这是国画大师李苦禅的一句诗,我一直很喜欢,也把它当作激励自己的座右铭。以我个人的人生、创作和学术经历来说,读书不但让我长知识,还使我的情感变得更丰富,思想更加飞扬,心灵世界更加空灵,更加热爱生活,更加富有工作激情。

但现实生活中,很多人并不理解读书的价值和意义。比如说,很多人几乎不读书,认为读书没用;有的人读书,只是为了考试;有的人自己不读书,还老抱怨书太贵;生活中,有些人也读书,但是为了升官发财;有的人只喜欢读那些低级趣味的书,从文字里寻找感官的刺激……无论如

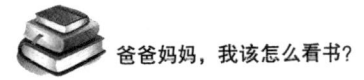
爸爸妈妈，我该怎么看书？

何，读书最重要的价值是修身养性、培育审美素养、提高人格。在中小学里，有的老师对阅读还有一些错误的认识，他们认为多给学生做阅读训练题，就能提高学生的阅读能力。其实，有标准答案的阅读训练题做多了，不但可能束缚学生的想象能力，还可能会让学生过早地厌倦语文学习。有的老师认为好好读课本就行，把书本知识学好了，就是好学生。其实，只读课本的人，不算是读书人。课本内容只是一些基本知识，还不是激发我们想象力的全部文字世界。因此，中小学生要认识到课外阅读的重要性，要多读名家经典，尤其是多读儿童文学经典。

最近，北京有几所小学请我去做讲座，有两位校长带我参观了学校的图书馆和一些班级，我发现那里的确有不少书，图书馆里藏书比较多，教室里也有图书角，可"流行书"太多，如游戏益智、卡通漫画的书，而经典的儿童读物太少，或者说，几乎看不到，这是令人担忧的。有些家长给孩子买书，只看畅销书榜；有些老师给学生推荐图书，只推荐知识性读物；有的学生自己买书，只买有趣味性的，这是值得警惕的。最好的文字，往往是朴素的；最好的图书，往往是纯正的。在山东青岛给小学生做讲座时，我问他们读过什么好书，孩子纷纷说他们读过《小王子》《窗边的小豆豆》《夏洛的网》《汤姆索亚历险记》《吹牛大王历险记》《木偶奇遇记》和《海蒂》等名著，我问孩子们："这些书搞笑吗？这些书会让你们笑得东倒西歪吗？"孩子们都摇头，有孩子说："它们都很严肃。"我为孩子的阅读智慧而惊喜，他们已经读懂了经典。我们今天读到的经典，都是经过时间洗礼而沉淀下来的。所以养成读书的习惯固然好，但最重要的是要读好书，读对自己有益的书，读那些既能拓宽视野、开阔胸怀，又能提高审美素养、升华境界的好书。

儿童阅读微论

◎课外阅读，是一种无功利阅读。相比课本阅读，课外阅读第一不针对考试，第二没有特别的阅读任务，第三也没有标准答案。但课外阅读一定要读精美的作品，读纯正的作品。文字不美不纯正，读者的阅读趣味就不会得到提高。童年时期的阅读，一定要从培养好的趣味开始。

◎儿童教育真的没有多少理论。儿童教育很实际，做能让孩子身心健康的事情才有价值。让孩子多锻炼身体、多运动，使孩子性格开朗、身体健康。让孩子多读书，读好书，多接受艺术的熏陶，多养成一些好的生活习惯，让他们有一个健康的心灵。

4. 不必做藏书家

在微博上看到有人介绍南京作家薛冰，讲他藏了两万多册书，有一个很大的书房。薛冰应该算是藏书家了，但他说，自己不是藏书家，买书只为了写作。

我也藏了很多书，家里大书架就有5排，还有好几个小书架。藏书最多时，也有1万多册。其中，外国文艺理论和儿童文学研究著作分别有1000多册，各地诗人的童诗集也收藏了1000多册，算是一个资料库了。近几年我又陆续购进了几百册诺贝尔文学奖获奖作品，大多为精装书，也可以单列一个书架了。

我和薛冰一样，藏书只是为了读书，为了写作。

已经记不清我第一次买书的具体时间了，大概是小学三四年级的时候，父亲给了我一点零花钱，我到镇上的新华书店里，一下子全买了泰戈尔、艾青和冰心等几位诗人的诗集、散文集。后来到了初中、高中，父亲给的零花钱多了，就开始买王蒙、韩少功、刘心武等当代作家的获奖作品集和一些外国文学名著。渐渐地，家里藏了上千册书。大学毕业后，经济上独立了，买书很自主方便了。记得来北京读书时，行李很简单，但带了

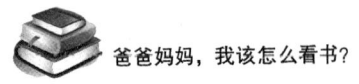 爸爸妈妈，我该怎么看书？

十二箱书。

在北京定居后，我又购买收藏了很多文学作品集。刚开始时，家里有三个大书架，后来又添了几个，但还是放不下所有的书，只好将书堆在一角。我的藏书大部分是自己购买的，而且多是名家经典。

我很钦佩那些藏书家，喜欢淘书，以购买旧书为乐事。但我不爱藏书，也觉得没有必要。人生很短暂，该读的书，应多读一些。说实在话，家里藏一些好书，除了利于自己阅读和写作外，也希望有一个书香气息能够熏染孩子，就这么点想法。至于把成千上万册书藏下来，留给子孙后代，我倒没有想那么多。古代人藏书特别有价值，因为那时候书没有大量印刷，也没有公共图书馆，所以私家收藏对文化传承有着不可磨灭的意义。但在现代社会，公共图书馆多了，而且书籍印刷量大，名著名篇易得，私家藏书意义就小多了，差不多只是自娱自乐。另外，时代在变，以后的书籍形式可能也会变，甚至将来人类并不需要读今天这种图书。也许一种新的图书，会把经典浓缩在很小的空间。所以，与其藏很多书，不如让好书为更多的人阅读和欣赏。所以我们做父母的，要尽量把好书送到孩子的面前；做老师的，要尽量给学生推荐好书。

当然，藏书是一种爱好，也是雅事。每个人都有过自己生活的权利和方式，不必强求别人和自己一样。但享受读一本好书的美妙是实实在在的。因此，更多的时候，我更愿意安安静静地读一本诗集，或读一本小说，然后，心有所动，写点属于自己的文字。

可能受我的影响，或者受家庭环境的影响吧，女儿也爱读书，小小年纪就读了上千册中外文学经典。我对女儿说："家里的书不是摆设，认真读几本好书,会让你受益终生的。"到一些小学做"读书与写作"的讲座时,我也会对孩子们说:"认真读课本,只能算是一个听话的学生;认真读了课本,还能读些好的课外书,尤其是读些经典,就是一个不错的读者;认真读了课本,还读了很多经典,善于思考,会审美,有修养,也会写作,那就算是一个读书人。"做一个读书人,不是一件易事,需要长期坚持阅读,需要真正理解很多名著,把书的世界与现实世界结合起来。

当然,藏书家不一定都是真正的读书人。有些藏书家,是读书人。有些藏书家,只能算是读者。

儿童阅读微论

◎对于儿童阅读,有这几点值得注意:第一,不读经典,即使你博览群书,也难有审美力、思考力和判断力。第二,虽说读闲书也是读书,但读得再多,不动手写,也只能算是一个读者。第三,经典可以反复品读,且每读一次都应该有收获;流行读物读得再多,脑子里也留不下什么。第四,要坚持每天读经典。

5. 我的读书之路和感受

回想自己的文学之路,其实就是自己的读书之路。

小时候,虽然读的书不多,但小时候的阅读对后来是影响很大的。记得小学三年级时,我就开始接触《红楼梦》《西游记》《水浒传》和《三国演义》等中国名著。那时候认字少,读起来不是太懂,但书中的内容却吸引着我,让我半猜测着受到了熏陶。小学时,我也很幸运,能够读到一些外国文学名著,还能读到《儿童文学》《小溪流》和《中国少年报》等一些少儿报刊,因此,相比同龄的孩子,见识要多一些。那时候,语文课很简单,老师也不是正规师范院校毕业的,当其他小伙伴还在浅显的语言文字中懵懵懂懂的时候,我已经偷偷学着写些小诗了。

到了初中、高中,我记得当时新华书店都有卖外国文学名著,我也基本上都读过。父亲是一位中学教师,虽然家里很清贫,但他不干涉我读课外书,因此我能够徜徉在书的海洋中。再加上大姨父家里的书很多,比如泰戈尔、雪莱、叶赛宁、屠格涅夫等外国诗人、作家的著作,以及《人民文学》《当代》《十月》和《青年文学》等文学刊物,因此,虽然还处在青春期的我,已经比较熟悉当时的文学状况了。"伤痕文学""反思文学"

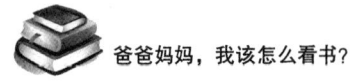 爸爸妈妈，我该怎么看书？

"知青文学""改革文学"和"朦胧诗"等等，这些很时髦的文学名词，在我的脑海里都有清晰的印象，我也理解了很多作家的创作轨迹，了解了很多文学知识。

上了大学，当别的同学在为分数奋斗时，在为文凭努力时，我对图书馆着了迷。大学图书馆藏书很丰富，每一次走进去，都怀着一种敬畏感。大学时，课不太多，一般都集中在上午，于是，午餐后，我到食堂买两个大馒头，就去了图书馆。读文学期刊，读中外作家的作品，一直到晚上十点图书馆闭馆才出来。因为读得多，也渐渐掌握了文学创作的要领，大学二年级时，我就开始在《飞天》和《大学生》等刊物发表作品。大学三年级时，我还自费出版了一册诗集，并成为当时颇有名气的校园诗人。工作以后，我依然广览博阅，也开始认真学习中外文艺理论著作，从创作到批评，在多方面取得了成就。

读书的好处很多，相信每个人的收获也不一。但我有一个深刻的体会，那就是读书使我心灵变得更加柔软、温和，也变得更聪明智慧，读书让我走进了文学世界。如果没有那些好书的陪伴，没有广泛阅读中外文学经典，没有对当代文学的把脉和理解，我是不可能写出很多作品的。

多年的读书经历，也让我积累了一些对读书的看法：

第一，要博览群书。只读课本不算读书。读的书越多，才会越清楚自己在哪些方面是无知的，才会知道自己应该对哪个领域感兴趣。

第二，要根据兴趣读书。只有读自己最喜欢读的书，才能进入一个专业领域，并逐渐成为这个领域的专家。在我们周围，很多作家和学者，都是因为读了大量的某方面的书籍，才逐渐变成那一方面的专家和学者。比如说彭懿，因为读了很多国外的图画书，就编写了好几本关于图画书的著作，成为国内图画书研究领域的先行者。

第三，读好书，读高品位的书。如果只读杂志，只读流行刊物，读地摊图书，那仅仅是消遣行为，而不是智慧的冶炼，不是精神的提升，是在浪费时间，消耗生命。现在市场上图书很多，尤其是儿童图书品种繁多，鱼龙混杂，让人眼花缭乱。大家时间都有限且宝贵，因此，不宜把大量的时间浪费在"消遣性阅读"上，而要把时间用于阅读高品位的图书上。中小学生考试多、作业多，还要参加一些培训班，因此更要选好书读。所以建议小学生和中学生每个月读一两本经典书，读一两本当代作家的好书。辨别一本书是好是坏是比较容易的，一般来说，印刷清新、精美，文字纯正，作者也是比较受欢迎的，这样的书不会太差。

当然，读书也需要和他人多交流。通过交流互动，可以互相学习，同时获得有效信息，并且节约读书成本。书非借不能读也。看到同学和朋友有些好书，也可以借阅。学校和社区图书馆里也有很多图书，如果方便，就不要错过，要充分利用身边的环境和资源。

一句话，读书要坚持不懈，要多读书，读好书。真正的读书人，是读了书，还能融会贯通，把知识转化为生活智慧的人。

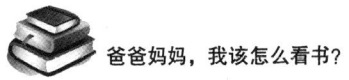 爸爸妈妈，我该怎么看书？

儿童阅读微论

◎当孩子对某类书感兴趣时，千万不要认为这些书没有用，或者因为你不喜欢，就轻易地否定这些书。只要孩子读的书不是不健康的书，就要对孩子的兴趣给予肯定。父母对孩子阅读的引导，不是根据自己的兴趣来的，而是要在尊重孩子兴趣的基础上，尽可能地拓宽孩子的阅读面并提升其品位。

6. 我的读书方法

常有读者问我有什么好的读书方法,其实,每个人都有自己的读书方法。只要爱读书,肯定会找到自己的方法。就像一个人爱做菜,他一定会琢磨出自己的配菜、选材、烹饪的方法,并做出几道拿手的好菜。

我的读书方法很简单。主要有三种:

第一种,随读。这是一种很休闲的读法,但不是随意读。平常人们工作忙,没有时间去完整地读一本书。但因为已经养成了读书的习惯,每天不摸摸书就有些难受,怎么办?那就随读。有一点时间,就拿一本书翻一翻,或者读一些短篇作品集,或者浏览一些长篇小说。比如我经常出去做讲座或者参加会议,在机场候机时,这段时间是可以好好利用的,所以,我一般会随身带几本自己觉得有必要读一读的书,在候机时读一读,或者在飞机上读一读。对学生来说,假期走亲访友或者旅行的路上,也可以带两本书,有空就读一读,也会有收获。

第二种,细读。这是我用得最多的读书法。市面上流行的书,我是很少细读的,但对经典名著或者学术著作,我会关上书房的门,认认真真地读几遍。有时候,一边读,还要在书上做标记,或者在书的空白处写出自

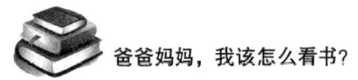
爸爸妈妈,我该怎么看书?

己的看法。有时候,一些作家出了新书,希望我写个评论,他们把新书寄给我,我会先翻一翻,如果觉得很不错,就会认真读一两遍,甚至三遍,然后写一篇评论。家里书柜里有几百本西方的文艺理论著作,我都是仔细地读了不只一遍,书上满是标记和随感。做这些标记很有用,写论文的时候,一翻书,就可以从中找到自己想引用的观点。我的学术研究都得益于对中外优秀理论著作的细读。当然,我的儿童文学作品也与对儿童文学经典的细读有关。

第三,批评。这种读书方法可能很少有人用,但我喜欢批评,尤其是对一些最新出版的书。尽管报纸、网络在讨论一本刚上市的新作时,不乏溢美之辞,甚至有人称之为"大师之作",但我就要认真读读,找出它的问题和缺点。这种方法可能有些难度,但如果真的想提高自己的阅读能力,批评的眼光是不可少的。没有批评的眼光,就很容易相信流行的观点。

对我而言,随读更多的是一种态度,一种习惯;而细读,则是一种寄托,一种追求。随读是丰富生活,是一种高雅的情趣;细读则是智慧的探索,是一种严肃的寻找。而批评,是我提高自身素养,使自己变为专业读者、鉴赏家、批评家的途径。

有些人读书,读一读作者或者书的简介,翻翻目录,再在网上浏览一下相关的资料和信息,就会写出长篇书评来。这是不可取的。写评论和做研究一样,一定要认真细读所评所研究的文本。当然,并不是每个人都想做学问,都想去搞创作,因此,随读未尝不是一种好的方法。

我希望每个人要尽可能地多做细读,尤其是细读几本经典,那是一辈子的精神财富!

◎小时候读什么书,差不多就可以决定你长大后成什么人。但无论是经典,还是最新的作品,阅读总是带着精神陪伴的性质。阅读养心,阅读怡情。书有时是伙伴,有时是亲人,有时是爱人,有时只是聊过天的过客……

◎如果你只会推荐四大名著、唐诗宋词、《三字经》,那十有八九你没有读过多少名著。

7. 在飞机上读书

这些年,因为经常乘飞机外出讲座、开会或旅行,所以我养成了在飞机上读书的习惯。

在飞机上读书,主要是为了消磨时间,有时候也是利用空闲时间为写文章做点准备。比如说,我经常会接到一些诗人、作家的来信和电话,希望我给他们的新作写个序言。时间很紧,怎么办?这时可以充分利用飞机上的一两个小时读读作品,一下飞机,就可以动手写出序言或评论来。有时候,买到一本好书,读了一半,但又要出门,怎么办?拿起来塞到手提包里,坐在飞机上就可以接着读。还有的时候,开完会,收到了一些人的赠书,于是,在返程的飞机上,就拿出来翻一翻,粗读一下,以确定回家后是否值得精读。

在国内参加活动,乘飞机顶多也就三个多小时,但这三个小时如果能充分利用,也能读不少书。乘航程短的飞机,一般不太适合读学术著作,所以,我每次从北京去青岛或大连等地做讲座时,都会带一本诗集或小散文集,那样读起来不费劲,也不太累。而去哈尔滨、南宁或者广州等地时,除了带一本诗集或小说集外,我还会带一本学术书。现在想来,《哈贝马斯访

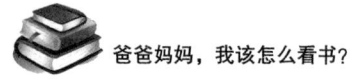
爸爸妈妈,我该怎么看书?

谈录》、卢卡契的《小说理论》和南帆的《双重视域》等学术书,我都是在飞机上读完的,莫言的《碎语文学》《白棉花》和《蛙》也是在飞机上读完的。可能有人会说,飞机上行色匆匆,好像不太容易集中注意力,但只要你保持内心宁静,还是可以读进去的。不过,好的书,要多读。一些好书在飞机上读一遍后,再坐在书房里认真读一遍,那样效果会更好。

记得2007年10月,受中国作家协会派遣,我和蒙古族诗人查干老师一起去波兰参加华沙国际诗歌节。那是我第一次出国,而中国到波兰当时没有直航,因此飞机从北京到法兰克福就要10个小时,到了法兰克福还要转机去华沙,这一路,整整16个小时。那一次在飞机上,我读完了波兰诗人米沃什的《米沃什词典》,还读完了从网上淘来的《波兰童话》。2009年4月,受中国作家协会和新闻出版总署的派遣,我和青年女作家戴来去德国五座城市做文学朗读和演讲,在北京到法兰克福的航班上,我重读了歌德的诗以及《荷尔德林诗选》。返回北京时,我读了席勒的诗和海涅的诗,也读了戴来的小说集《鱼说》。

说实在话,我经常乘飞机,但发现国内的旅客很少在机场或飞机上读书。有一次回老家,在北京到长沙的航班上,发现周围的乘客都在睡觉、看电脑视频或玩电子游戏,只有一位外国乘客拿着一本书在读,我看得出来,她在读一本英语小说。现在,国内很多人一出门,尤其是一乘飞机,好像都喜欢带个笔记本电脑,或者拿个iPad看电影,或者听音乐,极少有人会拿出一本书来读。倒是很多外国乘客有读书的习惯。最近有媒体报道,说国内现在青少年大多数是"低头一族",即很多年轻人走路都在玩手机,发短信、玩微博或微信,但读书的却很少。甚至很多小学生都爱玩手机。在北京乘地铁，这种感受非常深刻，车厢里几乎每个人都在埋头看手机。这真是令人担忧。

飞机上虽然不是读书的最佳场所，但如果不是很疲惫，何不利用起来读读书呢？"书籍是人类进步的阶梯。""书读百遍，其义自见。""不读书的人，思想就会停止。""书籍是最有耐心、最能忍耐和最令人愉快的伙伴。在任何艰难困苦的时刻，它都不会抛弃你。"……关于读书的益处，有很多格言。

在飞机上读书，也能领悟很多好的东西。旅途上有书陪伴，也是一种享受。当身体的休息和心灵的休息有机结合时，那才是真正的休息。因此，出门旅行，带几本好书，享受一种真正的文字之旅，一定会有不一样的感觉。

◎有妈妈问我：什么时候开始给孩子读书最好？我说：越早越好。千万不要以为等孩子上小学了，要识字了，要学知识了，才能给孩子读书。给孩子读书，也是一种亲子游戏，不过，这种游戏是纸上游戏，是与孩子一起玩的文字魔方，是在故事森林里捉迷藏，既能唤起孩子对语言世界的好奇，也会引领孩子走进想象世界。

◎孩子在小学阶段的阅读非常重要，读什么样的书就会养成什么样的阅读趣味。书读得多不多，读的书是不是读好书，是孩子能否养成好的读书习惯的关键。而且最初的阅读一定要纯正，读纯正的文字，并不是一味追求所谓的优雅，纯正的文字应该是朴素、干净和充满真情的。

[第二辑]

一起来读书

1. 亲子阅读也适合小学生

亲子阅读越早越好，亲子阅读可以从 0 岁到 15 岁，即从胎教开始一直到孩子读高中。亲子阅读是一种陪伴，也是一种激励，更是一种交流。两代之间，以书为媒介、桥梁，互相交流、鼓励、促进。通过亲子阅读，父母可以树立良好的形象，成为孩子成长的引领者。如果狭隘地将亲子阅读理解为只是早期教育的一部分，那就缩小了亲子阅读的价值。

亲子阅读对小学生来说也是很有必要的。下面，我来谈点自己的看法。首先我们先看一下亲子阅读的构成要素。

一、什么是亲子阅读

儿童阅读既要有各类人群的参与，也需要有专业人士的积极推动。但如果全民都参与，那就更好了。事实上，无论谁来参加，谁来主导，都无法替代父母这个角色。即使各类儿童阅读推广活动搞得再好，儿童阅读习惯的养成、趣味的培养和阅读能力的增强等也都主要靠父母，即依靠亲子阅读。因此，亲子阅读是最重要的。家庭教育环境在某种程度上比学校和社会教育环境更重要。所有的户外阅读推广活动都不能和家庭亲子阅读相

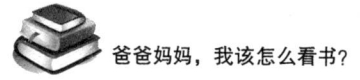
爸爸妈妈，我该怎么看书？

比。那么，什么是亲子阅读呢？可以从如下五个方面来理解：

第一，亲子阅读的参与者是父母和孩子。父母在亲子阅读过程中是主导者，掌握着阅读的主动权和选择权，掌控着阅读的技巧，还控制着阅读的过程，调节着孩子的阅读情绪。父母的文化水平、审美能力、阅读素养和耐心、毅力等直接决定了亲子阅读的质量。虽然从生命价值来说，父母和孩子都是平等的生命主体，但亲子阅读过程中，父母扮演的引导者角色，有着不可替代的作用。

第二，亲子阅读体现的主体关系是亲缘关系。这种关系只有父母和孩子之间才具有，爷爷奶奶和孩子之间不是直接的亲子关系，属于隔代关系。爷爷奶奶没有抚育培养孙辈的社会责任和社会义务，父母也不应该把培育孩子的责任推给上一辈，也就是说，亲子阅读是父母应该尽的家庭责任和义务。老师和学生之间是师生关系，这种关系是基于职业道德上的人与人之间的关系。师生关系再亲密，也不能取代亲子关系。

第三，亲子阅读的场所主要是家庭。现在社会上对亲子阅读场所的理解比较宽泛，认为幼儿园、学校、图书馆、公园和社区，甚至火车上、飞机上等地方，只要能容纳父母和子女一起读书，都可称为亲子阅读的场所。其实亲子阅读最理想的场所还是家庭。父母虽然可以与孩子在学校、社区和公共图书馆等地进行亲子阅读，但家才是父母和孩子朝夕相处的地方，家才能真正保证孩子的心灵安静。亲子关系只有在家这个温馨的、充满亲情的场所里，才能够得到强化，才能达到真正的教育效果。

第四，亲子阅读的主要资源是优质童书。有些教育专家过分地强调玩具、游戏和活动的重要性，甚至把知识教育过多地引入儿童教育，但也有很多人认识到了优质儿童读物不可替代的价值，开始把它当作儿童教育的重要材料。儿歌、童话、散文、生活故事、儿童小说和绘本等多种文体，具有趣味性、审美性、教育性、启蒙性等，符合儿童心理。有学者把儿童文学比作"艺术的妈妈语""美德的种子""母亲给孩子说的悄悄话"……这些都证明了儿童文学是适合亲子阅读的。其他的知识性读物，包括手工类、益智类和动漫类的图书都可以在亲子阅读中使用，但不是最主要的材料。亲子阅读教育效果的产生主要靠优质的儿童文学类童书。

第五，亲子阅读的动力主要有三个：第一是父母之爱，这是一种天然的情感因素，就是一个老鼠妈妈也会疼爱自己的孩子。第二是父母的责任，父母的责任不是天然的，而是社会的。作为社会角色的父母，有教育孩子、给孩子爱的社会责任和义务。第三是儿童的成长力量。每一个生命都有天然向上的力量，小花小草小树哪怕没人浇水施肥，它仍会尽量往上长，儿童也一样。正是因为有了父母之爱、父母之责任、儿童的成长智慧这三大动力，亲子阅读才饱含了启蒙性，才饱含了爱的精神内涵。

基于以上几个方面，亲子阅读就可以大体定义为：在家庭场景里，在亲情关系牵引下，为了儿童的心智成长，父母进行的以优质童书阅读为载体的教育实践。它主要是父母给孩子读书，还可以是儿童和父母的互动式阅读或家长伴读。

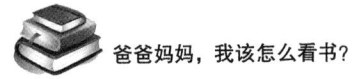
爸爸妈妈，我该怎么看书？

二、小学生也需要亲子阅读

国外教育专家大都有一个共识，那就是亲子阅读不只是幼儿需要，小学生也需要，甚至当孩子上了初中、高中，家庭亲子阅读活动还很有意义。但很多小学生家长对亲子阅读有一些困惑，比如说，这个年龄段的孩子该读什么，如何读，家长在孩子的课外阅读中扮演何种角色等等。

1. 小学生家庭亲子阅读读什么

小学阶段虽然是六年，但大体来说，可以分为小学中低年级和中高年级两个阶段。小学中低年级，即一到三年级，这一阶段孩子的语文学习比较简单，主要以学拼音、识字和写话为主。语文测试也侧重对学生字、词、句掌握程度的检查，对学生的阅读理解能力要求不高。但对家长来说，如果在家庭有效地进行亲子阅读，那孩子的语文学习能力就可能会得到很大提高。

那么，亲子阅读读什么呢？一二年级时，孩子识字不多，家长可以多选择一些图画书来和孩子一起阅读、分享，培养孩子阅读的兴趣，同时，通过读文字量少的绘本，培养孩子对故事的叙述和整体把握能力。这一阶段，父母还可以和孩子一起读诗、读小童话、读桥梁书。我记得女儿上一二年级时，我和爱人就经常给女儿读比较长的童话，甚至读整本书。因为长期坚持家庭亲子阅读，所以她的语文学习很轻松，而且也很快由写话自然提高到了作文阶段。我遇到过一些家长，他们不太愿意给孩子买书，也怕孩子读了课外书会影响语文学习，怕影响了语文考试。这其实是一种错误的认识。课外书读得多不可怕，只要亲子阅读选择了好书，而且方法得当，就会有好的效果。

我参加过一所小学的读书活动，看了孩子们读的书，包括班级书架上家长捐赠的书，说实在话，绝大部分可以说就是"地摊书"，质量差，粗制滥造，还没有清新的封面和插图。而且这些书，大部分是所谓的"知识读物"或卡通图书。这说明，小学里还奇缺阅读指导，尤其是很多老师还不会选好书。亲子阅读也好，还是学校里的自主阅读也好，一定要读好书，尤其要读经典，不然的话，就无法培养孩子良好的阅读兴趣，孩子也难以养成好的读书习惯。

现在很多搞阅读推广的，只会推荐绘本，不会推荐别的童书。儿童读物门类多、品种多，阅读推广机构不妨多指导家长读童话、童诗以及小说。世界儿童文学经典很多，父母应尽可能地让孩子读这些书。会读经典，能自由徜徉在纯正的文字里的阅读，才是阅读的高级阶段。我曾在微博里建议父母要重视对童话和诗的阅读。我还写道：童话适合儿童阅读，儿童觉得童话有趣、好玩，充满幻想。不少人认为童话是假的，但他们忽视了这个事实：幻想本来就是人生活的一部分，幻想本来就是生命体验的一部分。幻想也是人的内宇宙的有机部分。幻想和诗，是生命的核心，伴随人的一生。

2. 小学生家庭亲子阅读怎么进行

对幼儿来说，亲子阅读主要是家长读、孩子听，然后家长恰当地和孩子交流、互动，启发孩子的思维，激发孩子的想象力。对小学生来说，亲

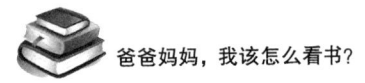爸爸妈妈，我该怎么看书？

子阅读的形式就可以多样化了，可以是家长和孩子一起读书，可以是家长读、孩子听，可以是孩子读、家长听，也可以是家长和孩子一起大声朗读，甚至还可以在家庭开小型读书会或朗诵会。女儿刚上小学的时候，我经常在客厅里朗诵诗歌，虽然我的普通话不太标准，但女儿也很喜欢听。现在想来，那时她的理解力虽然有限，但诗歌的节奏和韵律，以及我朗诵时投入的情感，已经在感染着她、熏陶着她，让她初步品尝到了美和爱。

女儿到了三年级，识字量大增，这时候，我就给她准备了一套世界儿童文学名著。她妈妈经常和她一起读这套书，我有空也和她一起读。不到一年，她就读完了《爱的教育》《海蒂》《小公主》《波丽安娜》和《窗边的小豆豆》等50多部文学作品，还写了不少读书笔记。有一次语文老师布置作文，要求学生写一篇300字的读后感，女儿回到家里，一口气写了1000多字。她的语文老师起初以为她的作文都是我修改的，于是在一次作文课上，站在女儿身边看着，女儿竟然写了一篇1200字的作文。语文老师感到很惊讶，问我爱人为什么，我爱人说，没什么，就是平常在家读了很多书。亲子阅读不但可以活跃家庭氛围，让亲情更浓郁，还可以快速提高孩子的阅读能力，而这是孩子爱上语文、亲近文学的基础。

3. 家长要相信阅读的力量

在做儿童阅读讲座时，特别是给一些家长讲亲子阅读时，和他们交流，我有一个感觉：不少家长其实很渴望让孩子读书，但又舍不得花时间和钱，不愿意陪孩子读书，也嫌书太贵。还有不少家长希望孩子一读，就学到很多知识，而且能够快速提高考试成绩。这是最普遍的一种心态。在儿童教育过程中，懒惰和功利是两个大敌。

有一次做完亲子阅读讲座，一位家长问我：给孩子读书不学点具体知识怎么能行呢？这种问题反映了家长一种典型的心态：对儿童阅读，一些家长总会想到读书的具体收获，他们希望孩子读一本书，就一定要学到某些准确的知识。我对这位家长说：你带孩子去草原，当孩子看到草原上的繁花，觉得很美，很舒心，甚至欣喜若狂时，难道你还要苛求孩子说出草原上每一朵花的名字和特征吗？读书，并不一定要学到什么知识，享受到美就足够了。给孩子读书，就像给孩子的心灵世界输送清新的空气、明媚的阳光。给孩子读的好书越多，孩子的心灵越纯净，孩子的世界越辽阔。拥有好书的孩子，读过很多好书的孩子，他们目光清澈，心灵智慧，脚步坚韧。有好书相伴，时光不寂寞，日子不慌张，季节总从容，岁月也丰盈。

童年是每一个人生命的原点，童年的快乐意味着成年的幸福。而童年的阅读又是人生的奠基。因此父母要重视亲子阅读，尽早地引领孩子走进美好的文字世界，让他们享受阅读的快乐，那是孩子童年生命的需要，也是成年人的责任。让我们一起来行动，和孩子一起读书，一起成长，一起感受文字中的爱与美。让亲子阅读走进每一个家庭，让亲子阅读陪伴童年，洗礼童心，也促进成年人的精神提升！

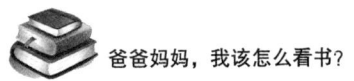
爸爸妈妈，我该怎么看书？

儿童阅读微论

◎让孩子爱上读书，要尽早培养他们的阅读兴趣。亲子阅读是培养孩子阅读兴趣的最佳途径。爸爸妈妈要认真给孩子读书，要选择合适的书；读书时要注意观察孩子的反应，并根据孩子的反应来传递恰如其分的信息，并及时纠正自己读书的方式和方法。

◎亲子阅读是什么、读什么、怎么读是值得认真思考的。没有育儿经验、不熟悉童书、不爱孩子、没有童心的人谈亲子阅读，一定不可信。

◎亲子阅读是家庭教育重要的内容，也是家庭教育一个很好的媒介。父母给孩子读书，本身就在实施家庭教育，让孩子感受到某种仪式。当父母充满爱意的目光注视书本、文字时，当父母认真地朗读诗和故事时，孩子其实是在接受一种与文字世界相关的庄严承诺。他们相信文字世界，相信文字是有魅力的。

2. 掌握给孩子读童话故事的技巧

曾在《参考消息》上读过一篇文章,作者认为:好妈妈,应该多给孩子讲故事。其实,不但好妈妈该给孩子讲故事,好爸爸、好爷爷奶奶、幼儿园的好阿姨、小学校里的好老师都应该给孩子讲故事。在欧美国家,"亲子阅读"已成为一种文化现象,一种儿童教育的最好方式,它是一种让儿童感到快乐的语言游戏,也是长辈与孩子间交流的一种方式。

好故事是什么呢?我觉得,好故事一定是饱含着善良的心灵和高尚的美德的好听又有趣的故事。好故事不一定都是讲述好心人的故事,不一定都是在赞扬高尚的行为和美好的心灵;好故事有时也讲坏人坏事,批判丑恶的现象和卑鄙的人性。但无论讲好人好事,还是讲坏人坏事,好故事都会通过生动活泼的形象和曲折引人的情节让孩子们感到快乐,受到教益。

心理学家研究表明:给孩子讲一些优美的故事有助于培养孩子的语言表达能力和创造性思维。有专家认为,讲故事给孩子听,一是可以让孩子学会想象:孩子们听故事的时候,他们需要根据听到的东西自己去想象,这样有助于他们上学之后更好地理解老师讲解的不同内容。二是讲故事给孩子听,可以让孩子接受正确的价值观和行为教育;讲故事也是与孩子交

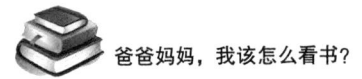 爸爸妈妈，我该怎么看书？

流的一种方式，可以观察孩子对故事中的情节做出什么样的反应，可以引导孩子去模仿好人的好的行为。三是帮助孩子战胜恐惧：故事中人物关系和情节发展可以帮助孩子应付自身的恐惧，培养较高的自控能力。四是增强亲子关系：孩子通过听故事会感到与讲故事的爸爸妈妈度过了一段美好时光，感到自己被关爱。五是培养孩子的阅读习惯：孩子看到父母读书，自己也会在成长过程中对读书采取积极的态度。

如何给孩子讲童话故事或如何引导孩子阅读童话故事呢？第一，要设法让孩子把听故事或阅读故事变成一种习惯，变成父母和孩子共同期待的快乐的事。第二，要尽量详细地讲述故事中的人物情节，注意要投入情感，要绘声绘色，因为孩子是根据不同的语调色彩来展开想象的。第三，在讲故事的同时要注意观察孩子的反应，看他是否听懂了，讲完一个故事后可以适当地提一些有关问题。第四，讲故事时，一定要注意语音语调的变化，该严肃的时候要严肃，该活泼的时候要活泼，要让孩子觉得听故事是一种高兴的事。第五，要偶尔改变一下讲故事的方式或环境，可以带孩子到公园里讲故事读故事，这有助于增加同孩子之间的感情交流和亲密关系。记住，如果你采用了恰当的方法，孩子的爱心可能就在潜移默化中培养起来了。

儿童阅读微论

◎儿童阅读需要家长和老师有辨别力，不要被那些商业营销的表象所蒙骗。应该立足于孩子，把真正优秀的文字呈现给孩子，而不是为了读而读，去做所谓的阅读课和亲子阅读。

3. 童年需要读名著

童年期是人生最重要的一个时期，特别是小学阶段，读什么书，如何读书，都是值得关注的。"童年的阅读奠定一生"这句话，大家似乎都明白，但在孩子的实际教育中，又不一定真正明白。比如说，不少小学生很爱读书，但不知道读什么书好，而且中外名著浩如烟海，哪些是适合自己读的，哪些是值得反复读、天天读的……家长和老师也知道课外阅读的好处，但如何指导孩子读书，让孩子读什么书，读书应该掌握什么技巧，也不是一件很容易的事情。正是基于这些原因，近几年，我致力于儿童阅读研究，带领一个团队，不但开发儿童阅读材料，而且也应邀到各地学校、公共图书馆做关于亲子阅读、如何打造书香校园及如何读书写作等一系列讲座。令我欣慰的是，每一次讲座都受到了老师、学生和家长的欢迎与好评。

童年期的孩子课外阅读很重要，但到底应该读什么书呢？我个人的看法是，小学阶段，最好给孩子读三类书：一是中外名著，当然，中国文学名著里，真正适合儿童阅读的不太多，因此以欧美儿童文学名著为主。二是最新的优秀儿童读物。这类书，包括一些畅销童书，还包括一些新作家写的很生动活泼的儿童小说、童话、散文、诗歌和寓言等。三是一些思想

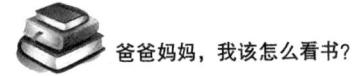 爸爸妈妈，我该怎么看书？

内容健康、知识和趣味兼备的杂书。杂书的面很广，文史哲和科学领域里的书，只要适合儿童阅读，只要知识比较准确，有一定的趣味性，文字也比较流利，都可以拿来读一读。我小时候的阅读，就是以前两者为主的。那时候条件有限，只能接触少量的中外文学名著，也只能从儿童报刊上读到一些当时的文学新作，或买到几本当时的比较新的儿童图书。其他的适合儿童阅读的好书却涉猎不到。现在想起来，这也是一个遗憾。但也正是因为读了一些经典名著，才有了今天对文学的一些理解，我才会在儿童文学创作和理论研究上取得一些成绩。

阅读是吸取精神营养，它和吃饭有相同的道理。吃饭讲究营养均衡，要吃多种食物，不能偏食，才能保证身体健康。而且，吃饭要尽量细嚼慢咽，把营养尽可能地全部吸收。课外阅读也要讲究营养均衡，经典名著是主食，其他的读物是副食、杂粮。要注意"主食"和"副食、杂粮"的搭配，也就是说，既要多读名著，还要广泛涉猎其他读物，扩大阅读视野，拓宽知识面。同时，无论读名著还是读别的书籍，都要认真品味，耐心思考。"读书破万卷，下笔如有神"就是告诉我们，读书要多，而且要读懂读透，待吸收消化后，才能转化为自己的营养，才能使自己善写，有如神之笔。古人还有一句话："读万卷书，行万里路。"这句话，也值得我们思考。它告诉我们，不但要注重社会实践，到社会里去观察、去体验，以获得直接的经验和知识，还要多读书、读好书，从书本中学习间接经验，把前人的智慧和思想吸收为自己所用。

在众多的书籍中，为什么名著才是"主食"呢？这个道理不用多讲，很多人都明白。名著，就是经典。什么是经典呢？意大利作家卡尔维诺在

《为什么读经典》一书中,对"经典"这个概念做了很好的解读,他给"经典"下了14个定义。他下的第一个定义是:"经典是那些你经常听人家说'我正在重读……'而不是'我在读……'的书。"这个定义非常妙,"正在重读"说明经典不是那些一时流行的读物,而是随着时间的流逝,价值被反复发现,而且被人反复品味的书。卡尔维诺给"经典"下的第四个定义是:"一部经典作品是一本每次重读都像初读那样带来发现的书。"它告诉我们,经典是常读常新,经得起反复推敲,而且不同的人有不同的看法,不同年龄段的人来读也会有不同的感受。卡尔维诺下的第九个定义尤其值得我们学习和领悟:"经典作品是这样一些书,我们越是道听途说,就越以为我们懂了,可当我们实际读它们时,我们就越是觉得它们独特、意想不到和新颖。"我个人觉得,经典就是经过时间淘洗,而且经过读者反复阅读检验,而被认为是真正代表了人类诗性和智慧的文艺作品。如**《小王子》《吹牛大王历险记》《列那狐的故事》**和**《格林童话》**等等,这些都是经过了数代小读者阅读检验的,是可以跨越时空而接受新的审视的。

德国诗人歌德说过:"读一本好书,就像和许多高尚的人谈话。"一部经典名著,就像一个高尚的人。接触它,认真阅读它,就像和一个高尚的人谈话。阅读经典,不但可以学到很多人生的知识,懂得很多生活的道理,而且还能学会做人,使思想得到洗礼,精神得到升华。我主编了一些童书,都受到了儿童读者的喜爱。几年前,我与北京一家出版社合作,专心致志地主编、翻译和改写了一套外国儿童文学名著,就是希望给儿童读者提供一个好书的书单,让童年的生命得到名著的滋养。

那套名著共20部,包括上面提到的**《小王子》《吹牛大王历险记》**,还

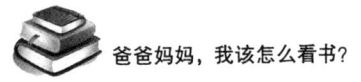 爸爸妈妈，我该怎么看书？

有《青鸟》《王尔德童话》等，它们大都家喻户晓，且滋养了几代读者，但那一次集中亮相，更是在让更多的人重温经典。为了方便小学生阅读，这一套外国儿童文学名著，每一册都尽量保持在5万字左右，同时配以精美的插图。无论翻译，还是改写，尽量忠实原著，而且做到文字优美、内涵集中，不流失最精华的部分，目的是让读者充分享受到阅读的乐趣。

读名著，读经典，是纯正的阅读。读新作品，读新书，属于流行的阅读。童年期的阅读，还是要以纯正阅读为主，以精美的名著引领成长，以优秀的文字来培养良好的趣味。所谓"站得高，望得远"，读名著，犹如登上了高高的山峰，那时候，就能体验"登东山而小鲁，登泰山而小天下"的快感了。希望儿童读者充分享受阅读名著的快乐，从美好的文字里找到方向、获得力量！

儿童阅读微论

◎儿童阅读与吃饭有一些相同之处，比如，要尽量吃最有营养的，即要尽量读好书，读经典。再比如，要尽量吃套餐，而不是只吃同一种食品，要做到营养均衡。因此不要只强调一种书的阅读，要让孩子接触各种优质读物。当然，到小学中高年级，得让孩子读整本书，尤其是读经典童书，以提高他们的自主阅读能力。

◎家长给孩子选古诗词，最好选专业古籍出版社或辞书出版社的版本，建议也不要选注音版的古诗词。读古诗词，是品味音韵节奏，感受诗意。古诗词特别适合朗诵、吟诵，讲究意境，因此还要在读的时候注意感受意境之美。

4. 如何与孩子分享阅读的快乐

儿童成长离不开童话故事。为孩子大声朗读，和孩子一起读书，让小小的生命感受到故事的乐趣，感受到被关爱的温馨，是家庭亲子阅读的出发点，也是早期教育的一个关键环节。

西方儿童阅读学者一再呼吁家长要给孩子朗读，要让孩子从小就养成读书的习惯，让他们感受到琅琅书声中的快乐，受到文学世界的熏陶。而且西方儿童教育专家有的不但直接呼吁社会打造良好的儿童阅读环境，还身体力行地参与儿童文学的阅读推广活动。儿童阅读环境的打造需要各方面的努力，但我觉得对于幼儿来说，他们成长的主要空间是家庭、幼儿园和小学，因此家长和老师们的责任更大。尤其是那些年轻的家长，更应该充分地重视幼儿阅读，并付出切实的行动，让孩子在幼年期通过分享阅读带来的温馨的亲情，也享受故事的乐趣。

那么，如何与孩子分享阅读的快乐呢？这里讲一点和孩子一起阅读童话的看法与建议，希望会对家长有所启发：

提前准备：如果你想在家庭阅读中成为合格的引领性角色，你就得多阅读童话，了解童话知识，学习一些阅读的技巧，理解孩子的心理，这样

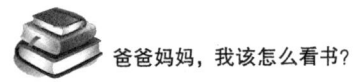 爸爸妈妈，我该怎么看书？

你就知道如何选择好的故事或选择好的时机。

长期坚持：和孩子一起阅读童话，分享阅读的乐趣，是需要爸爸妈妈长期坚持的。现在家长大都很忙，白天要上班，但可以利用晚上睡觉之前的空隙，和孩子一起阅读童话。周末的时候，哪怕是在野炊或郊游的时候，也是你和孩子分享故事乐趣的机会。有的父母，高兴的时候，就给孩子读两本书；不高兴的时候，就不理孩子了。这样是很难让孩子养成爱读书的习惯的。

重复阅读：一本书并不是一次性的消费品，如果你花了十几元钱买了一本童话书，和孩子一起读一次就不再理它，那就是极大的浪费。一个童话故事，只要妈妈愿意多费一点心，多付出一点热情，连讲十遍，孩子都会很喜欢的。你想想，当你用温柔的声音，用充满爱意和鼓励的眼神看着你的孩子，和他一起分享故事的时候，他是多么幸福。这时候的童话故事就不只是一个故事了，还是孩子体验和妈妈在一起的亲情的媒介。

启发讨论：和孩子一起阅读了童话后，其实有时候你不去说什么，孩子的心里已经有了想法，而且很可能他会迫不及待地要问你问题，希望得到你的解答。这个时候，你需要耐心倾听，让孩子提出自己的想法，然后凭着你的智慧，尽力给予孩子有趣的回答。当然，如果孩子没有说什么，你也可以凭着你的直觉，判断孩子想让你说什么，然后表达你的观点和看法，尽量启发孩子的想象力，满足孩子的好奇心。

我主编过多套童话故事书，精心挑选了优秀童话作家的佳作，它们文字优美清新，富有想象力和幻想色彩，也包含了丰富的生活知识和现代的教育理念。这些童话故事书既适合父母或爷爷奶奶读给孩子听，也适合小学底年级学生自主阅读。我还主编过《年度儿童文学选》和《成长的书香》系列，这些书包括儿童诗、儿童散文、童话和儿童小说，文体丰富，内容健康，很适合小学生阅读。

儿童阅读微论

◎阅读整本书，尤其是阅读经典名著，有两个好处：第一，培养耐心。一本书一般都在10万字以上，要花费一些时间才能读完，因此需要耐心。第二，培养思考力。读整本名著，要充分理解，也需要思考。

5. 绘本阅读的注意事项

现在无论是家庭亲子阅读，还是幼儿园的阅读，甚至社区和小学校园里的阅读，都推崇绘本，各地也涌现出很多绘本阅读推广人，开办了绘本阅读馆，形成了一个绘本阅读热。这是一件好事，因为阅读绘本有以下几个方面的优势和好处：

第一，绘本图文合一，而且文字量少，孩子能通过图画来更好地理解故事，也便于家长和老师操作。读一本绘本，即使不认识字的孩子，在家长的带领下，也可以理解故事，甚至形成对一本书整体的认识。

第二，对于绘本阅读，家长并不需要很多的专业知识，只要有耐心，能持之以恒，就可以轻松地、顺利地和孩子一起阅读。这对很多家长来说，是一个很便利也很节省时间和精力的阅读选择。

第三，绘本里的图画很精美，而且几乎每一幅图都有独立的欣赏价值。因此，读者在阅读时很容易被图所吸引，从而进入图画中的世界。给幼儿读绘本，很容易让通过感觉器官来认知的孩子产生兴趣，并直观地形成对书本的理解。

但绘本阅读也要注意以下几点：

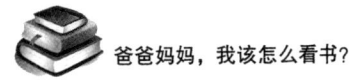 爸爸妈妈，我该怎么看书？

第一，绘本只是童书的一个品种。不要一味地强调绘本阅读的好处，尤其不要认为绘本阅读可以取代其他的童书的阅读，因此不宜把绘本的价值绝对化。绘本是在阅读初期引领孩子进入童书门槛的一个好的媒介，但读别的优质童书同样可以形成良好的阅读习惯，并让儿童形成对书籍的认识。

第二，绘本阅读在孩子的教育方面不是万能的。不要以为只有绘本才可以给孩子语言启蒙，不要以为只有绘本才可以培养孩子好习惯好行为好品格。市场上的绘本质量也参差不齐，如果不加区别地阅读，会浪费时间，也会浪费更多更好的提升孩子阅读能力的机会。

第三，绘本阅读不能取代全文字书阅读。再好的绘本，也只能承载它的文本与图画所能承担的价值，因此过分夸大它的文本内容和阅读价值，都是不科学的。每一种优质的童书，不管是绘本，还是纯文字的童书，都有自身的价值，也都有自身的不足。儿童阅读要科学，要尽可能地给孩子展示丰富的童书世界，让他们真正走进文字的殿堂。

当然，在实际阅读过程中，很多家长也并不完全知道如何阅读和利用绘本，他们之所以选择绘本，有的仅仅是凭一时兴趣，有的只是因为听了某一位阅读推广人的讲座。在这里，我想就绘本阅读再谈三点看法。

第一，绘本不是用来识字的，但它有可能让孩子通过阅读不自觉地认字，甚至学习绘画。国内的绘本大多数是从欧美引进的，因为翻译的缘故，很多文字并不精美，也远远达不到原著的优美度，因此以绘本故事作为文字学习的蓝本并不十分可靠。建议家长在给孩子读绘本时，尽量利用故事，利用图画，而不是在认字和造句上下功夫。当然，翻译质量高的绘本，文字比较好，生动活泼，而且也符合汉语规范，那就可以无形中起到语言启蒙的作用。

第二，绘本故事主要有两种：一是童话，二是生活故事。这两类故事都需要读者真正理解故事，享受故事的乐趣，从故事里获得一些对生活、对人、对大自然、对世界的一些认知。

第三，绘本阅读要和其他优质童书阅读结合起来，如果只读绘本，从幼儿一直读到小学，那么，孩子有可能形成"绘本偏食症"。阅读最终是要引领孩子亲近文字世界，让孩子对文字世界建立信任感，喜爱读书。一味地、过分地读绘本，孩子可能难以形成这方面的能力，最终达不到阅读的目标。

第四，不要用"点读法"读绘本。点读法看似很科学，其实它干扰了孩子的阅读，影响了孩子对故事整体的理解。点读法经常被那些急于让孩子认字的家长所认可，其实，读绘本主要是为了享受故事的乐趣。当然，也不宜过早地读英语绘本，在汉语启蒙阶段就进入双语空间，会增加孩子阅读的负担。

我在各地做亲子阅读讲座时，每当家长请我给她的孩子推荐一些好的童书时，我一般会给他们开一个比较全面的书单，里面有绘本、儿歌、童诗，还有小散文、童话、故事书及一些经典的儿童小说及中篇童话。总之，绘本阅读是亲子阅读的一部分，它也是社区阅读和校园阅读的有机组成部分，但不可片面强调它的价值，更不能只认可绘本而排斥其他的优质童书。

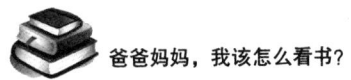 爸爸妈妈，我该怎么看书？

 儿童阅读微论

◎一位一年级的小学生的妈妈抱怨孩子阅读量太小，认字不多。这其实没有必要。一年级的孩子读点简单但品位纯正的书，是很有好处的。比如，好的绘本是很适合一年级孩子自主阅读的。但一年级的孩子最好在父母的指导下读书。亲子阅读在幼儿阶段和小学低年级时，效果应该是最好的。

6. 如何阅读桥梁书

桥梁书，英文为"Bridge book"，是一种过渡书，它介于绘本和文字书之间，一般插图多，文字相对比较少，很适合五六岁的孩子或小学生中低年级孩子阅读。在儿童认字不多时，如果父母直接把文字多的书给孩子读，孩子会感觉有难度。但如果单纯给孩子读绘本，又难以提高孩子对语言的认知能力，因此桥梁书就应运而生。

桥梁书是欧美童书中一个比较成熟的品种，近几年才引入国内。国内一些出版社也模仿着出版了一些原创的桥梁书。一般是把作家写的一些短故事、短童话和小散文，加上一些汉语拼音，配上大量的插图，就变成了桥梁书。

如何读桥梁书呢？对幼儿园中班或大班的孩子，建议家长给孩子读，一边读，一边注意抓住有趣的情节，并辅以适当的动作和表情，让孩子进入童话的情境，体会故事的乐趣。对小学低年级的孩子呢，家长既可以给孩子读，也可以让孩子自己读。如果孩子认字多，就可以指导孩子自己阅读，并让孩子在读后复述故事情节，或者做一些表演。因为桥梁书插图较多，所以家长可以好好利用插图，让孩子根据插图讲故事，或者把插图当

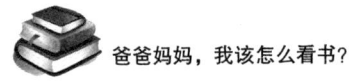 爸爸妈妈,我该怎么看书?

作学习绘画的材料。

《纯美小树叶童话》桥梁书是我专门为小读者写的,它特别适合小学中低年级学生阅读。之所以定名为"小树叶童话",是因为这些童话很短小,像一片片五彩缤纷的小树叶一样。我读过一些推荐给小学生的童话书,发现有些写给小学低年级孩子和给幼儿读的童话动辄长达几千字,其实已经超出了孩子的阅读承受能力。在孩子识字量不多的时候,让他们接触一些语言规范、叙述流畅、情节有生活趣味的短童话,是很容易激发孩子的阅读兴趣的。于是,我尝试着写了一篇又一篇的"小树叶童话",以期激发小读者的阅读兴趣。

儿童阅读微论

◎有妈妈问我:"儿子的语文老师推荐的《西顿野生动物故事集》和《毛毛》两本书,为什么儿子不愿意看呢?而且他愿意看的就是一些短文式的桥梁书?"我的回答:"对不少小学中低年级学生来说,阅读文字长的童书是有难度的。薄一些的童书、短篇童话、桥梁书可能更适合他们。

7. 重视寓言文学的价值

寓言文学，是一个独特的文学品种。很奇怪的是，所谓的"纯文学界"并不把它当回事。各类文学评奖里，寓言文学都是缺席的，评论家也不太关注寓言文学。但寓言文学常在各版本中小学教材里出现，而且各类语文考试题目里也多以寓言文学为材料。特别是一些高考作文，都是以寓言文学作为作文材料的。这就形成了一个怪圈：主流文学界"看不上"寓言文学，但中小学语文教育又很重视寓言文学，而且在儿童读物里，寓言文学作品也很受孩子欢迎。

不管主流文学界的忽视，还是语文教育的重视，我都觉得，寓言文学有它独特的价值和意义。寓言文学是一种叙事文体，介于童话、小小说和故事之间，还具有散文的气质，甚至，寓言在今天还带着跨文体的特点，和童话丝丝相关。古代人讲寓言是为了讲道理，但讲道理既要含蓄，又要达到让人能够警醒的目的，于是就创造了寓言。这时一种包含着哲理和智慧且启迪人生的文学体裁就出现了。寓言文学之所以能够流传，也是因为它既有文学审美性，又有教育内涵；既给人美感享受，又给人生活的智慧。所以，如果要谈寓言文学的文体特点，审美性、教育性和寓意性是它

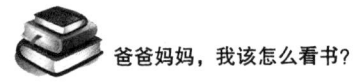

的最基本的属性。这也是很多小说、散文和戏剧等叙事文学也在极力追求的美学效果。因此,寓言文学从本质上来看,和主流文学没有不同。

　　但我觉得寓言文学能得到青少年的喜爱,正是由于寓言文学的魅力。一切优秀的文学作品,如果青少年不喜爱,如果不能对青少年的成长起作用,那它的价值就大大打了折扣!青少年处于成长期,包括心理的成长和精神的成长,是需要文学艺术的抚慰和引领的。寓言文学形式上短小精悍,内涵上丰富多彩,包含了作家不同的观念和理解,传达着各种人生智慧。这对青少年来说,犹如遇到了学习的朋友、人生的导师。因此,作为寓言文学作家,身上的责任很大。寓言文学创作的艺术定位一定要高,才能满足青少年的需要。

◎儿童阅读要多样化,尤其是课外阅读,要尽量做到让孩子自主选择,快乐阅读。学校、老师和家长的书单要科学、优质,保证孩子能有较高的阅读趣味。当然,学校的阅读课上,得让学生统一读书,在课堂分享阅读的快乐和收获。

8. 让阅读成为生活习惯

有国民阅读调查显示，我国一年人均阅读 4.7 册书。这个数字与美国、日本、以色列等国相比，相差悬殊，这说明国民还缺乏良好的阅读习惯。据业内人士分析，这人均 4.7 册书，主要还是学生在阅读，且值得焦虑的是，学生读的这几本书中可能有 3 本属于教材教辅。

应该说，近几年来，儿童阅读推广活动做得越来越好了。李克强总理两次在政府工作报告中提到全民阅读，政府有关部门也很重视青少年的阅读推广活动，如每年都有"三个一百原创图书"的推荐，还有一些直接针对少儿的图书评选活动，且民间阅读推广机构和热心人士也越来越多，极大地推动了全民阅读活动。但我们也要看到，当前儿童的阅读存在不少问题，例如不少中小学校还没有图书馆，或者说，不重视图书馆的建设，学校老师也没有有效地引导学生的课外阅读。有的民间阅读推广活动还停留在商业性营销层面；有的作家进校园讲座，并不是真正意义上的指导阅读，而是推销自己写的书；许多出版社的图书推广也仅仅停留在营销宣传的层面；很多家庭，父母不爱读书，也没有良好的阅读习惯；有的父母下班回家就是看电视、打游戏、上网、**搓麻将**……根本不管孩子读不读书，

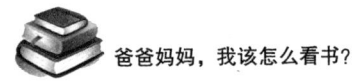 爸爸妈妈，我该怎么看书？

读什么书；还有的父母也关注孩子的阅读，也想让孩子读好书，可是他们的自我学习力不够，不会挑书选书，不会参与和引导孩子读书，只是一味地期待专家的指导……

但我觉得，儿童阅读最重要的一点，就是要培养孩子良好的阅读习惯。这需要家长用心，也需要学校和社会共同为孩子创造良好的阅读条件和环境。而良好的阅读习惯主要包括两个方面：

第一，要读好书。好书主要有两种：一是中外儿童文学经典，二是作家新创作的优质童书。前者如**《爱的教育》《夏洛的网》《小王子》**和**《稻草人》**等，都是经过了数代小读者检验过的，后者如曹文轩、伍美珍、沈石溪、李秋沅、张晓楠和陈诗歌等作家创作的儿童小说、动物小说、童话和童诗。现在图书市场产品多，鱼龙混杂，正规的专业少儿出版社出版的童书质量总体来说是比较可靠的，但也有不少文化公司出版的童书粗制滥造。让孩子读好书，才能培养他们优雅的阅读趣味，才会真正达到阅读养心、阅读启智的目的。

第二，要把读书变成日常生活的一部分。这意味着要引导孩子每天要读书，每天读好书，每天会读书。现在不少孩子在学校里，只是听课，写各类作业；在家里，除了写作业，就是上各种培训班。不少家长对教育有一个错误认识，他们简单地认为读书就是学知识，所以即使买书给孩子读，也只是买教辅书，买知识读物，买拼音识字书等。其实，阅读不只是学知识，更重要的是培养耐心、毅力和品格。一个爱读书的孩子，尤其是爱读整本好书的孩子，坐得住，有耐心，有定力，会审美，善于思考，也有想象力和创造力。如果家长让孩子每天坚持读好书，读适合他们成长的好书，那么，孩子的好习惯好行为一定会逐渐养成，同时，也会达到他们所期待的教育和学习目标。因此，在日常生活中培养孩子良好的读书习惯，让孩子认识到读书就像吃穿一样必不可少，是非常有必要，非常有价值的。

但现实生活中，有不少家长对阅读的认识不够，他们过分看重孩子的学习成绩，也没有耐心去引导孩子读好书，让孩子养成好的读书习惯；不少老师也过分看重课堂学习，不关注课外阅读，只在乎学生的考试成绩。这是不对的。家庭和学校应该给孩子创造好的读书环境，让孩子能轻易地接触到优质童书，让经典陪伴孩子，让好书成为孩子首选的物品，让图书馆成为孩子最喜欢去的地方。如果这样，那么儿童的成长就会更加顺利，童年的生态必然更符合发展的生命。

◎据全民阅读调查显示，中国人均一年还读不到五本书，其中，这五本书中可能只有一本是优质读物，其他的是教辅、时政、职场励志养生类等。而且从各类书所占比重看，成年人基本不读书。

◎读什么样的书，做什么样的人。给孩子读那些浅薄的文字，孩子长大了，也会是浅薄的人。给孩子一味地读知识读物，灌输知识，孩子长大了，会变得很功利。

◎阅读养心，阅读怡情，阅读教人审美，阅读让人优雅，阅读是纸上游戏，阅读也是文字的探索与历险。

9. 养成良好的读书习惯

一个人的成功有很多原因，需要很多条件，但好习惯和好品格是最重要的。

在一次讲座时，我对小学生说，你们要想成为优秀的学生，一定要养成三个好习惯：一是良好的生活习惯，二是良好的学习习惯，三是良好的读书习惯。那么，什么是良好的读书习惯呢？

第一，远离坏书，亲近好书。有些书对小学生来说，是坏书。比如，网络游戏故事书很容易让孩子迷恋网络虚拟游戏世界。比如，黄色图书，还有一些暴力动漫书，这些书都对小学生的身心健康不利，甚至可能会导致他们犯罪。好书，就是适合儿童读的经典名著，以及一些作家最新创作的优质图书。比如，世界经典儿童文学著作，还有一些比较有名的优秀作家特意为小读者创作的诗歌、散文、童话和小说等等。

第二，少读流行读物。现在流行读物很多，各种商业图书排行榜上的童书，大部分属于流行读物。流行读物有的很有名，很有影响，且被各种媒体过度包装、宣传，好像是好书，但只要认真品读就会发现，它们好像就是肯德基里的鸡翅、薯条这样的"快餐食品"，只能满足一时需求，并

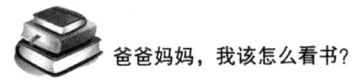 爸爸妈妈，我该怎么看书？

没有什么营养。

第三，少看电视，少上网，少玩手机。如果小学生爱看电视，沉湎于网络世界，离不开手机，那么他一定不爱读书。即使读点书，也都是"浅阅读"，即看点消遣性的短文，只读点小故事，缺乏一边读书一边思考的耐心和毅力。现在有些家长给小学生配手机，甚至对孩子打电子游戏都不监管和控制，最后的结果可想而知。法国、日本等国家都有立法，禁止小学生和中学生在校园使用手机。

只要做到了以上三点，小学生的良好阅读习惯就很容易形成，而且会更容易理解好书，更容易读懂经典、名著。不过，小学生良好的读书习惯的养成，还需要家长做到三点：

第一，家长言传身教，要爱读书，做孩子的榜样。家长不爱读书，不读好书，而且粗俗无礼、脾气暴躁，孩子怎么能养成爱读书、读好书的习惯呢？

第二，家长要经常带孩子逛书店，陪孩子参加一些读书活动，在家里也开展一些与读书有关的活动或游戏，与孩子一起分享好书。

第三，如果孩子过于贪玩，不爱读书，家长应及时纠正，并给予方法指导。

当然，养成良好的读书习惯并不是一蹴而就的，需要家长坚持努力，言传身教，给孩子营造一个好的读书环境，给孩子树立一个好的学习榜样。

儿童阅读微论

◎读流行的书很难培养孩子真正的审美趣味。流行读物,读起来一时很有快感,但读完后很快就忘记了。读经典,才会培养真正的审美趣味和审美水平。

◎《童话世界》杂志很适合小学中年级孩子阅读,父母可以给孩子订阅。

◎《小学生之友》杂志很适合小学低年级孩子,有条件的父母可以给孩子订阅。

10. 六年级学生如何高效阅读

小学六年级时,课业难度大了,语文课文也长了,且面临小升初的压力,因此,不少学生课外书读得少了,阅读理解能力下降了,间接影响了语文成绩。

六年级学生如何高效阅读呢?我来给大家讲一讲我女儿的经验。

我女儿在小学阶段,语文、数学和英语几乎每个学期考试都是满分,而且是班级,甚至全年级第一名,也被评为北京市三好学生。她不是天才,也不是那种语数英学习成绩好但音体美很差的偏科学生。女儿的阅读能力很强,到了小学六年级几乎可以在几个小时内就读完一本10万字的儿童小说。她是不是有什么阅读的窍门呢?有。根据我的教育体会,她的窍门无非是三点:

一是她有很好的读书习惯。她从小学三年级就开始读《爱的教育》《小公主》《窗边的小豆豆》和《小王子》等世界儿童文学经典,而且读的是整本书。她每次读书,都会认真读、用心读,几乎不受外界的干扰。她读书时,无论是在自己的房间,还是在爸爸妈妈的房间,我们都不打扰她,不对她指指点点。另外,我们也不让她写什么读后感,更不要求她回爸爸妈妈，我该怎么看书？

答什么问题，讲什么道理。二是她会经常读一些少儿报刊。她对我说，五六年级的学生，读一读《儿童文学》这样的杂志，对语文学习和作文很有帮助。因为少儿报刊里的文字比较短，很多是一两千字的文字，读一读，很锻炼快速阅读的能力，使她能够在很短时间内发现文章的特点和意义。另外，少儿报刊里的一些短文，综合知识比较多，读一读，能够补充语文课的不足。三是她在读短文时，如果发现观点比较鲜明的文章，她会注意抓关键词，抓关键句，然后进一步抓住文章的核心观点，并找到最能表达文章内容的词句。如果是记叙文，故事性强，她就很注意故事的情节、故事的悬念、故事的结果，还有故事里的主人公的性格与特点等。女儿在读散文、童话和短篇小说时，都会注意不同文体的特点，找到最值得自己领会的形式和内涵。实际上，女儿是带着问题去读，而不只是为了消遣。

六年级时，因为有很好的阅读基础，女儿学习很轻松，她小升初时几乎没有什么压力，只是按部就班地学习、读书，然后就顺利地毕业，进入中学。

现在，有的人提出"海量阅读"，也有人提出"主题阅读"。仔细想一想，这些都是功利性阅读。阅读能力的提高是有一个过程的。在识字量不多，理解力不够的时候，就要慢慢读，用心读，读懂，读透，才能体会到快乐，才有收获。等识字量大了，理解力也强了些时，就要尽量读整本书，或者多读一些优美生动的文字，培养自己高雅的阅读趣味，给自己的阅读增加一些难度。如果一开始读书就追求"海量"，就扣着"主题"读，那还有什么兴趣和快乐而言呢？因此，无论中低年级的学生，还是五六年级的学生，要真正提高自己的阅读能力，做到高效阅读，就要耐心坚持，多读书，读好书，让美的文字充实空闲的时光。

高效阅读，意味着坚持不懈地阅读，意味着读懂读透，也意味着想象、思考与创造。

儿童阅读微论

◎北京的《儿童文学》杂志、江苏的《少年文艺》杂志和沈阳的《文学少年》杂志很适合小学高年级孩子阅读，对提高孩子的作文能力很有帮助。

◎北京的《我们爱科学》和《知识就是力量》两份科普杂志，也适合小学中高年级的孩子。

11. 别让 iPad 替代书本

在一些聚会场合，总会看到一些妈妈带着孩子，让孩子玩 iPad，而且大部分情况下，孩子一般是各自用 iPad 玩电子游戏，顾不上和别的孩子交流、玩耍。每当看到这种情况，我就为孩子们担心。因为家庭聚会，本来是几家孩子一起玩耍的最好时机，但家长却用 iPad 剥夺了孩子与同龄人交流的机会。

现在一些学校里用 iPad 作为教学工具，我个人不是很赞同。iPad 和手机都属于新媒体，它的主要功能是传播信息，因此一定要给 iPad 一个正确的定位，千万不要想当然地认定它是一个学习的好帮手。

家长和老师首先要认识到 iPad 可能会给孩子带来的几个负面影响：第一，孩子使用过多，会造成近视或散光，同时过长时间地低头弯腰使用 iPad，会引起身体疲劳，甚至对孩子颈椎的发育带来不利影响。第二，过多使用 iPad，也会造成孩子对 iPad 的依赖心理，让孩子不善于与他人交往，也不太愿意与他人交流。已经有研究表明，iPad 和手机等电子产品会增加孩子的孤独和孤僻心理，甚至会引发孩子的自闭症。第三，iPad 替代不了书本，即使是 iPad 里有电子图书，但那这种电子阅读也无法取代纸质书本的阅读。书本阅读是需要人一个字一个字、一行字一行字、一段话一段话、一页一页来慢慢翻阅的,电子屏幕虽然也可以翻阅,但那跳跃和闪亮的屏幕很难让人心灵安静。从某种程度上说,用 iPad 和手机等电子媒介来阅读更像是在玩,而不是读。

此外,从传统的角度看,教育需要"言传身教",也就是说,一位老师要影响他的学生,言传身教是最基本的。过多借助电脑、网络、iPad 和手机等工具,而忽视教育中人的作用,可能会使教育走入歧途。

因此,我建议学校和家庭把 iPad 当作玩具和信息媒介,不要把 iPad 当作学习手段和学习平台。iPad 既然出现在我们的生活中,无视它不可能,杜绝它更不可能。因此要把它的功能理解好,把它作为信息工具的价值找到,让 iPad 成为学习有利的辅助工具。

◎据媒体报道,一个两岁半的男孩因过度玩iPad,近视到了500度。我熟悉的一个人,她的孩子也因为喜欢玩iPad,还在幼儿园大班时,就已经近视到400多度了。电子产品,会对孩子的视力造成伤害,父母一定要注意控制,不要让孩子随意使用。

◎在餐厅吃饭,我看到邻桌几位女人都带着孩子,而孩子基本上都人手一个小平板电脑、游戏机或手机,都在玩游戏。这样,女人们可以自由自在地聊天,不用管孩子了。他们沉溺在游戏里,很安静。在很多家庭里,父母为了让孩子安静,都让孩子看电视、玩电子游戏,这是非常不可取的。

12. 用书籍呵护孩子的童心

现在孩子早熟的问题，让很多家长十分焦虑。洋快餐和社会流行文化和电子文化，都容易让孩子身体和心理早熟。如何呵护童心，让孩子的童年期不受成年人文化的干扰，是值得我们关注和研究的。

我个人认为，要呵护童心，保护孩子的童年，需要家庭和学校一起努力，尤其是做父母的，一定要用心，要以实际行动来关心孩子。

第一，父母和孩子一起多做游戏。现在，一些父母太关注孩子的学习成绩，喜欢给孩子报很多课外学习班，但却忽视了孩子爱玩的天性——他们需要游戏。孩子有游戏心理，也很喜欢玩游戏。在玩游戏的时候，孩子的童心和想象力能得到充分舒放和张扬。孩子的游戏包括两个方面：一是父母和孩子一起做游戏，让孩子感受到家庭的温暖和父母的关爱；二是让孩子和同龄人一起做游戏，让他们在游戏中学会互助、合作、包容，让他们在游戏中学会观察、理解和创造。

第二，父母多给孩子提供优质的童书，做好亲子阅读。现在，不少父母带孩子出去吃喝很舍得花钱，但总觉得买书不划算。这是一种偏见，也是一种误识。优秀的童话、童诗和绘本，都是很适合孩子阅读的，而且父

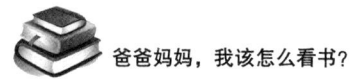爸爸妈妈，我该怎么看书？

母给孩子读好书，父母和孩子一起读好书，使家庭氛围温馨，洋溢着亲情，对孩子本身就是情感和审美的熏陶。读书时产生的移情作用是潜移默化的，而且读书本来就是一种文字游戏。儿童不只是喜欢活动和玩器具性游戏，而且还喜欢玩文字游戏。

第三，父母要尽可能地让孩子远离电子游戏。现在很多孩子迷恋电子游戏，有些父母也不能充分认识手机、iPad 和平板电脑的负面作用，尤其是不注意引导孩子正确使用电视和网络。电子游戏很吸引人，而且对孩子的视力伤害很大。孩子一旦迷恋网络游戏，就容易变成"电子人"，而且眼睛紧盯着电子屏幕，也会变成所谓的"电子眼"，这不但会造成孩子孤僻的性格，还会直接导致孩子不爱读书，不爱上学，上课不专注，缺乏良好的学习、生活习惯。

童年期是人成长的奠基期。一切好的行为习惯，包括语言的习得、性格的养成和精神世界的建构，都与这一时期的家庭教育密切相关。每一位父亲或母亲，都希望孩子健康成长，都希望孩子有童心有爱心。学会做父母，用心给孩子一个真正的童年，是值得我们每一个人切实努力的。

儿童阅读微论

◎孩子最初的阅读很重要，你给孩子读了最美最纯正的文字，当他再遇到粗糙的作品、平庸的文字时，就不会太感兴趣。而且当童年有了好书的陪伴，他们心中建立了自己的阅读标准，长大后不但会有鉴赏的水平，有批判的眼光，还会有文字的创造力。

儿童阅读推荐

◎有几份儿童报纸值得推荐。《小青蛙报》和《小学生拼音报》很适合小学中低年级孩子阅读，上面有各种风格的儿童文学作品，对提高语文学习兴趣、培养阅读能力很有好处。《学习方法报》和《语文报》很适合小学中高年级孩子阅读，实用性也很强。

◎儿童报刊大多定位准、针对性强，有的是学习生活帮手，有的是文学起步摇篮，还有的是各方面知识信息的汇聚。选择《童话王国》《童话世界》《少年博览》和《文学少年》这样的儿童报刊供孩子课余阅读，不失为培养孩子良好阅读习惯与趣味的一个好办法。

[第三辑]
把儿童文学精品献给孩子

1. 把儿童文学精品献给孩子

儿童阅读是一个大问题，直接关系到孩子的成长，关系到教育的效果。童年的阅读是一个人一生的奠基，因此，无论家庭，还是中小学校，乃至幼儿园，都很重视早期阅读和童年阅读。这些年，一些大城市涌现出很多儿童阅读推广人，一些社区也出现了一些故事妈妈，还有很多儿童文学作家进校园、讲文学、讲阅读、讲写作……显示出社会对儿童阅读的重视，这都表明，越来越多的人认识到了儿童阅读，尤其是儿童文学阅读的价值。

近几年，我主编了一系列儿童文学作品集。我之所以钟情于儿童文学这个领域，一是因为当前儿童文学作品的确有不少值得我们选读的佳作，我本人也对这个领域的作家怀着深深的敬意；二是因为目前的语文教育环境以及儿童的精神成长，也的确需要我们来提供一些恰当的"课外语文"，也就是说，儿童课外阅读还需要以儿童文学精品为主。

众所周知，儿童文学与语文教育有着密切的联系。20世纪初，商务印书馆和开明书店出版的"晚清儿童读物"和"民国语文教材"，都是把儿童文学与语文教育紧密结合的。在今天看来，它们依然有阅读价值。那

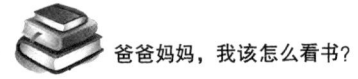
爸爸妈妈,我该怎么看书?

些作品主要有三个方面的特点:第一,紧紧抓住儿童心理,符合儿童教育理念;第二,读物以儿童文学为主,而且选编者一般都是现代儿童文学的开创者,也是现代语文教育的先行者,如孙毓修、叶圣陶和郑振铎等;第三,在选编时,淡化工具性和知识性,突出人文性。因此那些作品在培养审美和情操方面是非常有效的。

如今,语文教育与儿童文学的关联似乎也比较紧密,但仔细审视,与20世纪初的现代儿童观和现代语文观相比,还有一定的距离。从21世纪之初起用的小学语文教材,相当一部分虽然收入的是儿童文学作品,但在编纂过程中基本上都做了改动,很多原汁原味的很美很诗意很动情的文字,变得教化色彩很浓,而且语言干巴,完全失去了原来的语言美、意象美和意境美。且小学语文课教学一直强调的是认字、造句,因此很多孩子不喜欢,甚至很厌倦语文课。我女儿正在读小学三年级,她们领到的"语文同步阅读教材",也编得不太好,文章大部分都是改写的,且不说改写者水平是不是有原作者那么高,单是按创作本身的规律来讲,这也是不可以的。一篇童话、一首诗和一篇散文的创作,都是非常强调个人情感和情境的独特性的,如果没有与原作者完全相同的生命和生活体验,改写者怎么可能完全理解作者的原意呢?因此,保留原作风貌,就是保留了艺术的最初气质及其独特的审美世界,给孩子读改写过的语文教材,弱化了语文的审美和育人功能。

因此,中小学语文课的教学和学校的阅读方法,是难以满足儿童阅读需要的。所以,构建优质的"课外语文"就显得非常重要。那么,什么是优质的"课外语文"呢?我觉得优质的"课外语文",就是在课外,或者说在学校之外,再给孩子一个新鲜的语文空间,给孩子一个空灵的、活泼的文学阅读情境,所以,一些优秀的课外读物的选编就显得非常重要。2012年出版的"年度最值得推荐的儿童文学作品选"系列,就是为突破课外读物选编困境一个很好的尝试。该套书的选编力图客观呈现2011年中国儿童文学的创作情况,总结儿童文学的创作经验,向读者展示儿童文学作家的实力,并以最新鲜的儿童文学作品,来充实孩子的课外阅读,来引领课外语文的方向。

读者翻阅时,不难发现这套书中的作品都是刊登在全国各少儿报刊上的佳作,都是经过精心挑选、编辑分类结集起来的。选择的作者有很多是儿童文学名家,如王宜振、常新港、周锐、彭学军、汤素兰、范锡林、章红、谢倩霓、老臣、曾小春、皮朝晖、黄春华、汤汤、余雷、徐玲、曾维惠、龚房芳、段立欣、张菱儿、毛小懋、刘北、庄大伟、冰夫、彭绪洛、沈习武、李德民和流火等,他们都是很活跃的中青年作家,有的多次获得全国优秀儿童文学奖,而且有的本身就是教材专家,如王宜振,就有多首诗入选中小学语文教材,同时,他们的作品集也受到了广大读者的喜爱。这些作家的作品,有多种风格的小说、童话、故事,也有内涵丰富的散文、诗和寓言,它们就像我们刚从菜地农场里摘来的新鲜果蔬,散发出新鲜浓郁的芬芳,而且都贴近生活、贴近时代,也与今天的儿童心灵世界紧密沟通,因此,这套书一定能够得到孩子们的喜爱,也能真正成为合格的"课外语文"。我只是想告诉大家:儿童阅读是需要有心人的,需要一些既有专业眼光、视野和经验,同时也理解儿童阅读的关键所在的人来参与。

在这里,我期待教育界、出版界和儿童文学界达成共识,给儿童创造

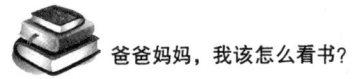

良好的阅读文化,把中外经典的、优秀的文学作品选编、出版出来,奉献给儿童读者,让优质的语文教材和"课外语文"真正走到孩子们中间。也期待广大少儿读者读好书,品味其中的生活之真、童心之纯、人性之善和艺术之美的。

◎走进小学做讲座,或给一些培训班做讲座,我发现很多家长和老师对阅读的认识越来深刻了。过去,很多人认为阅读只是学知识、树人格;现在,很多人认为阅读是一种乐趣,是在让人通过文字感知世界、认识生活、找到自我。过去,很多人把阅读与考试联系起来;现在,很多人把阅读与个人修养结合起来。

2. 阅读图画书的乐趣

图画书是一种特殊的儿童文学作品,也是很特殊的儿童艺术。一册书里的文字不多,每页主要是图画,但书中的每一个文字和图画都是那么融洽,而且它所诠释的主题都和我们的成长有关,都和我们的美德养成有关,都和我们的生活有关。

阅读图画书有很多乐趣,大体说来,有这些方面:一,阅读文字的乐趣,即根据书中的文字所讲述的故事,体现形象的魅力,感受童话或生活故事的幻想色彩;二,欣赏绘画的美,即根据书中的图画,感受色彩与线条的独特组合与构造,感受美术作品的创造力;三,图画书会以暗示的方式传达一些人生的道理、做人的美德和生命的品质,且都以形象化的方式表现出来,因此阅读时会感受到语言的力量和图画的魅力;四,图画书会给读者多种阅读经验,有的给读者温馨的情感,有的给读者深刻的意义,有的给读者幽默的趣味,有的给读者快乐的思考,还有的给读者丰富的想象。总之,阅读图画书是一种非常迷人的享受,尤其是父母和孩子一起阅读图画书,孩子会充分体验到亲子阅读的快乐。

在这里我推荐几套比较好的图画书。《永远》通过小熊奥莉和熊妈妈

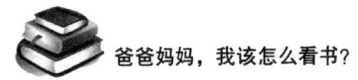

的对话，从孩子的视角表现了爱的主题：每一个孩子都期待得到妈妈的爱。母爱是孩子成长最好的人文因素，因此这本图画书不但会让父母感受到孩子与他们之间的紧密联系，而且也会让成年人理解孩子内心世界里最微妙的情感元素，从而学会理解孩子，关爱童心。《**一起**》也是通过小熊奥莉和妈妈的对话，表现孩子对妈妈的依赖，以及妈妈对孩子的爱。《**勇敢的小企鹅**》讲述的是小企鹅在爸爸离开后独立地在冰天雪地的环境中勇敢坚持、等待的故事。它告诉读者，每一个孩子最后都要离开父母，走向独立。这些图画书的基本主题就是爱，就是成长，就是做人做事。当然，父母和孩子一起阅读图画书时，不仅要重视图画书里的精神元素和教育内涵，还要学会利用图画书里的各种学习资源，比如说，可以将图画书当作幼儿说话写话的教材，还可以利用图画书给孩子学习绘画基本知识。有一次我发现女儿会数数了，原来她就是从图画书里认识数字的。所以，充分利用图画书的各种元素，让图画书成为多功能读物是值得一试的。

总之，阅读图画书乐趣多多，亲子阅读也好，还是孩子的自主性阅读也好，图画书都是首选的读物。

3. 中国古典名著导读

时下又兴起了"国学热",很多小学都开设传统文化教育课程与活动,阅读古典名著就成了很多小学阅读活动的重要内容。我不主张一味读国学,但也不能忽视古典名著。正确的读书,应该是鼓励孩子读中外优秀的读物,让孩子们看到一个更为广阔的文字世界。

1.《红楼梦》导读

说起《红楼梦》,只要识字的人都知道它是我国优秀的古典长篇小说,四大名著之一,而且从事文学创作与研究的人,几乎没有不读《红楼梦》的。记得有一位大作家曾经说过这样一句话:"没有读过《红楼梦》的人,是写不好长篇小说的。"这话看似有些绝对,却是对《红楼梦》艺术价值的肯定。

大家都知道,《红楼梦》与《三国演义》《水浒传》《西游记》并称为中国四大古典文学名著。它是章回体长篇小说之一,成书于清乾隆帝四十九年(1784年),它曾以《石头记》《情僧录》《风月宝鉴》《金陵十二钗》等别名流传于民间,其作者为曹雪芹。

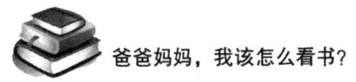
爸爸妈妈，我该怎么看书？

《红楼梦》是我国古代最伟大的长篇小说之一，也是世界文学经典巨著之一。最初的《红楼梦》是以手抄本形式流传的，只有前八十回。此后，《红楼梦》续作纷纷出笼，但最受红学界关注的版本是《脂砚斋重评石头记》。现通行的续作是由高鹗续全的一百二十回《红楼梦》。书中以贾、史、王、薛四大家族为背景，以贾宝玉、林黛玉的爱情为主线，着重描写贾、宁两府由盛到衰的过程。即从家族命运和年轻人的爱情生活的两个角度来全面描写封建社会末世的人性世态及种种无法调和的矛盾。

《红楼梦》给现代和当代小说创作提供了两种叙事模式：一是家族叙述模式，另一种就是宏大叙事模式。此外，《红楼梦》在人物塑造和社会文化内涵有机融入方面，也值得后来者学习。

2.《水浒传》导读

小时候我最喜爱读《水浒传》，而且极其钦佩和羡慕那些梁山好汉。长大了才知道，《水浒传》作为我国四大古典文学名著之一，可谓内容非常丰富，而且具有常读常新的魅力。的确，它自问世起就是读者特别喜爱的长篇，被改编成各种图书、连环画及影视作品，流传甚广。

《水浒传》是我国历史上第一部用白话文写成的章回小说，它讲述了以宋江为首的绿林好汉，由被迫落草、发展壮大，直至受到朝廷招安、东征西讨的历程。《水浒传》的创作取材于宋代说书故事。宋代说书伎艺兴盛，民间流传的宋江等36人的故事，很快就被说书人采来用作创作话本的素材。而且南宋时期关于宋江等梁山好汉的故事在不同地区有不同版本。施耐庵正是把这些在不同地区流传的故事，汇集起来，经过选择、加工、再创作，才写成这部优秀的古典名著。

《水浒传》的艺术成就，最突出的是对宋江、林冲、鲁智深等个性鲜明的形象的塑造，使这些形象有血有肉，栩栩如生，跃然纸上。作者还善于把人物置身于真实的历史环境中，扣紧人物的身份、经历和遭遇，来刻画他们的性格。同时通过对各阶层人物及他们之间的关系的描绘，呈现出一幅幅真实的北宋社会生活的图景。更震撼人心的是，《水浒传》反映了统治阶级的骄奢淫逸以及受压迫人民的反抗意识，这是《水浒传》之所以成为长读不衰的经典的原因。

3.《三国演义》导读

青少年不但喜爱读《红楼梦》《水浒》和《西游记》，也很喜爱读《三国演义》。《三国演义》全称为《三国志通俗演义》，它的创作也部分取材于宋代说书故事。宋代讲故事的风气盛行，说书成为一种职业，说书人喜欢拿古代人物的故事来叙述。元末明初，罗贯中综合民间传说和戏曲、话本，结合陈寿《三国志》和裴松之注等史料，根据他个人对社会人生的体悟，创作了《三国志通俗演义》。我们现在读到的《三国演义》是清朝时的修订增删本。

《三国演义》的艺术特色非常鲜明，塑造了近两百个有血有肉的人物形象，其中诸葛亮、曹操、关羽、刘备、周瑜等人性格尤为突出。诸葛亮被刻画为一代"贤相"，他不但为辅助刘备"鞠躬尽瘁，死而后已"，且具有济世救民再造太平盛世的雄心壮志，作者还赋予他呼风唤雨、神机妙算的奇异本领。曹操被塑造成一位"奸雄"，其人生信条是"宁教我负天

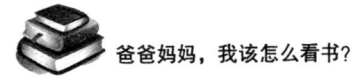
爸爸妈妈，我该怎么看书？

下人，休教天下人负我"，可谓一个野心勃勃的政治家。关羽被刻画为一个义士的形象，他威猛刚毅、义重如山，是刘备手下的一位忠臣。刘备被作者塑造成为仁民爱物、礼贤下士、知人善任的仁人志士。其实历史上的曹操、刘备等人物和小说中的人物形象差别很大，但由于作者善于叙述，且长于刻画，使得小说具有非凡的艺术魅力。《三国演义》还可以说是真正意义上的战争小说和历史文化小说，它描写了大大小小的战争，构思宏伟，使我们对古代文化有了很多了解。其中对官渡之战、赤壁之战等战争的描写，波澜起伏，跌宕跳跃，让人读起来惊心动魄、荡气回肠，给读者们带来丰富的历史文化体验。

总之，《三国演义》开创了章回体历史演义小说的先河，代表了历史小说的最高成就。自此以后，文人纷纷效法。如当代作家姚雪垠创作的《李自成》，就借鉴了罗贯中《三国演义》的很多写作技巧。相信青少年读者通过阅读，会有新的体验和感受。

4.《三十六计》导读

我小时候读的《三十六计》并不是文字本，而是连环画。记得每一册《三十六计》故事，都是非常吸引人的。我买的那套《三十六计》连环画故事可是同学中传阅率最高的，至今我还珍藏着其中的好几册。

说到《三十六计》，很多人认为它不适合儿童阅读，有些儿童文学专家和儿童心理专家则认为它是成年人的阴谋诡计，对青少年的成长是不利的。其实，《三十六计》是非常值得一读并且有助于青少年成长的智慧之书。它是根据我国古代卓越的军事思想和丰富的斗争经验总结而成的兵书，是中华民族悠久文化遗产之一。《三十六计》出自《南齐书·王敬则传》："檀公三十六策，走为上计，汝父子唯应走耳。"意为败局已定，无可挽回，唯有退却，方是上策。后人沿用这一说法，宋代惠洪《冷斋夜话》也有："三十六计，走为上计。"到了明末清初，引用此这说法的人更多了。于是，有心人就采集群书，编撰成《三十六计》一书。但此书为何时何人所撰已难确切考证。

《三十六计》按计名排列，共分六套，即胜战计、敌战计、攻战计、混战计、并战计、败战计。前三套是处于优势所用之计，后三套是处于劣势所用之计。每套各包含六计，总共三十六计。其中每计名称后的解说，均系依据《易经》中的阴阳变化之理及古代兵家刚柔、奇正、攻防、彼己、虚实、主客等对立关系相互转化的思想推演而成，含有朴素的军事辩证法的思想。解说后的按语，多数引证宋代以前的战例和孙武、吴起、尉缭子等兵家的精辟语句。全书还有总说和跋。

值得一提的是，《三十六计》中每一计的名称，在今天都成了固定的成语，为一般读者所熟悉。如金蝉脱壳、抛砖引玉、借刀杀人、以逸待劳、擒贼擒王、趁火打劫、关门捉贼、浑水摸鱼、打草惊蛇、瞒天过海、笑里藏刀、顺手牵羊、调虎离山、李代桃僵、指桑骂槐、隔岸观火、暗度陈仓、欲擒故纵、釜底抽薪、反客为主、偷梁换柱、无中生有、借尸还魂、声东击西等等，都是人们喜爱的成语。当然，这些成语背后就有一个典故，那就是"三十六计"故事了！

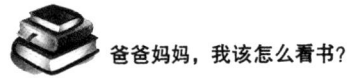爸爸妈妈，我该怎么看书？

5.《唐诗三百首》导读

中国是诗歌国度，很大程度上就是因为有《诗经》和《唐诗三百首》，这两部诗集可谓中国诗歌的瑰宝！《唐诗三百首》是中国唐诗中最权威的选本之一，至今受到广大读者的喜爱，不但是大学生必读的书，也是广大儿童的启蒙读物，甚至也是幼儿早期阅读的好材料。

《唐诗三百首》内容丰富，充分展现了唐代诗人的创作才华，显示了我国古典诗歌的艺术魅力。它共选入唐代诗人77位，计310首诗，其中五言古诗33首，乐府46首，七言古诗28首，七言律诗50首，五言绝句29首，七言绝句51首，每一首诗后都配有注释和评点。其中五言古诗是唐代诗坛较为流行的体裁，其代表作家有李白、杜甫、王维、孟浩然、韦应物等。七言古诗显示出大唐宏放的气象，手法多样，深沉开阔，代表诗人有李白、杜甫、韩愈等。五言律诗风格峻整，音律雄浑，含蓄深厚，成为唐人应制、应试以及日常生活中普遍采用的诗歌题材，以王昌龄、王维、孟浩然、李白、杜甫、刘长卿成就为大。七言律诗的格律要求与五律相同，王维、杜甫、李商隐、杜牧、罗隐等是代表性诗人。

总之，《唐诗三百首》代表着中国诗歌的一个巅峰，代表了中国古代文学的最高成就，成为中国传统文学坚实的组成部分，也是中华文明靓丽的风景线。有人把它喻为"成功的儿童启蒙教材""诗歌黄金时代的旷世杰作"和"流传最广、读者最多的唐诗选本"。如果你认真欣赏了《唐诗三百首》，你会觉得这些并非过誉之辞。

6.《聊斋志异》导读

在我国古典文学名著中,《聊斋志异》也是非常值得阅读与欣赏的。我小时候喜爱读《聊斋志异》,觉得里面的故事有的像神话,有的像童话,有的类似传奇故事,有的像今天的小小说。

《聊斋志异》是明末清初著名作家蒲松龄的代表作,大约在他40岁左右完成,此后不断有所增补和修改。"聊斋"是他的书屋名称,"志"是记述的意思,"异"指奇异的故事。全书有短篇小说491篇。《聊斋志异》成书后,蒲松龄因家贫无力印行,直至1766年(清乾隆三十一年)方刊刻行世。后多家竞相翻印,国内外各种版本达30余种,著名版本有青柯亭本、铸雪斋本等,近20个国家有译本出版。现在《聊斋》的各种改写本、重编本就达数百种,以《聊斋》故事为内容编写的戏剧、电影、电视剧近两百部。

从内容来看,《聊斋志异》中的作品大致可分为以下五类:第一类是反映社会黑暗,揭露和抨击封建统治阶级压迫、残害人民罪行的作品,如《促织》《红玉》《梦狼》《梅女》《续黄粱》《窦氏》等;第二类是反对封建婚姻、批判封建礼教、歌颂青年男女纯真的爱情和为争取自由幸福而斗争的作品,如《婴宁》《青凤》《阿绣》《连城》《青娥》《鸦头》《瑞云》等;第三类是揭露和批判科举考试制度的种种弊端的作品,如《叶生》《于去恶》《考弊司》《贾奉雉》《司文郎》《王子安》《三生》等;第四类是歌颂被压迫人民反抗斗争精神的作品,如《商三官》《席方平》《向杲》等;第五类总结生活中的经验教训,教育人要诚实、乐于助人、吃苦耐

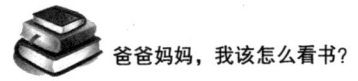
爸爸妈妈，我该怎么看书？

劳、知过能改等等，带有道德训诫意义的作品，如《种梨》《画皮》《崂山道士》《瞳人语》《〈狼〉三则》等。

总之，《聊斋志异》题材非常广泛，内容极其丰富。多数作品通过谈狐说鬼的叙事手法，对当时社会的腐败、黑暗进行了有力批判，在一定程度上揭露了社会矛盾，表达了人们对美好生活向往的愿望。但其中也夹杂着一些封建伦理观念和因果报应的宿命论思想。无论如何，《聊斋志异》的艺术成就很高。它成功地塑造了众多艺术典型，人物形象鲜明生动，故事情节曲折离奇，结构布局严谨巧妙，文笔简练，描写细腻，堪称中国古典短篇小说的佳著。

7.《论语》导读

《论语》一直是受人欢迎的儒家学派的经典著作之一，近年来，由于丹教授在中央电视台"百家讲坛"的播讲，而更受读者关注。《论语》由孔子的弟子及其再传弟子编撰而成。它以语录体和对话文体为主，记录了孔子及其弟子言行，集中体现了孔子的政治主张、论理思想、道德观念及教育原则等。与《大学》《中庸》《孟子》《诗》《书》《礼》《易》《春秋》等并称为"四书五经"。通行本《论语》共二十篇。《论语》的语言简洁精炼，含义深刻，其中有许多言论至今仍被世人视为至理名言。

《论语》以言简意赅、含蓄隽永的语言，记述了古代教育家孔子的言论。《论语》中所记孔子循循善诱的教诲之言，或简单应答，点到即止；或启发论辩，侃侃而谈；或富于变化，娓娓动人。《论语》又善于通过神情语态的描写，来展示人物形象。孔子是《论语》描述的中心，"夫子风采，溢于格言"；书中不仅有关于他的仪态举止的静态描写，而且有关于他个性气质的传神刻画。此外，围绕孔子这一中心，《论语》还成功地刻画了一些孔门弟子的形象。如子路的率直鲁莽，颜回的温雅贤良，子贡的聪颖善辩，曾皙的潇洒脱俗等等，都称得上个性鲜明，能给人留下深刻印象。孔子因材施教，对于不同的对象，考虑其不同的素质、优点和缺点、进德修业的具体情况，给予不同的教诲，表现了一个长者诲人不倦的可贵精神。《论语》也有自己的糟粕或消极之处，但它所反映出来的两千多年前的社会人生精论，富有哲理的名句箴言，是中华民族文明程度的历史展示。即使我国今天处在改革开放、经济腾飞、文化发展的时代大潮中，《论语》中的许多思想仍具有一定的借鉴意义和时代价值。

儿童阅读微论

◎一位妈妈对我说，网上有电子图画书可供下载，想给孩子读电子图画书。我说：如果你买得起纸质图画书，建议你还是在书店里选购一些纸质的，自己拿着图画书给孩子读。这样的好处第一不伤害孩子视力，第二也能让孩子感受到妈妈的爱。

4. 给杭州少儿图书馆推荐的书

杭州少儿图书馆聘我为图书馆阅读推荐专家,请我给杭州的小读者推荐一些好书。我推荐了如下10本(套)童书。

1. 《这就是二十四节气》(适合5~8岁孩子),高春香、邵敏著。这是一套由中国科学院地理资源所研究人员精心策划编撰,为中国儿童讲述二十四节气的原创科普图画书。书中涉及知识面广,编排清晰简明,选材紧贴儿童心理和求知特点。这套书有助于拓展和激发孩子的博物兴趣,也能回答日常生活中孩子提出的许多疑问,十分适合家长、老师与孩子们共读,对孩子传统文化启蒙和自然科学教育都是不可多得的优良读物。

2. 《原创中国:绘本童年》(适合3~6岁孩子),保冬妮著。这是一套很具有童年生活内涵和中国文化气息的绘本,由著名童话作家、绘本作家和儿童阅读推广人保冬妮创作,特别适合亲子阅读。

3. 《和平鸽绘本》系列(适合3~6岁孩子),贺捷生、高洪波等著。这套绘本包括《南京那一年》《家书》《虎子的军团》《我们的抗战》《心形雨花石》《天使》《不死鸟》《皮箱子》《永远的琴声》《将军与孤女》等10册,是一批优秀的作家和艺术家专心创作的抗战主题绘本,被《图

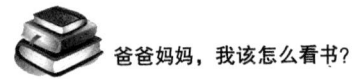 爸爸妈妈，我该怎么看书？

书馆报》评为"2016年最美绘本"，是给孩子认识抗战历史、学习英雄人物的好绘本。

4.《会飞的春天》（适合9~12岁孩子），耿立著。这是著名作家耿立为孩子写的儿童诗，其视角独特，构思新颖，总能用活泼有趣的语言和意象抓住读者的心，把读者带进儿童世界，让读者感受童年纯真，感受大自然的美妙，感受诗的魅力。

5.《听话的孩子怎么狂欢》（适合9~12岁孩子），邱易东著。这是著名诗人邱易东专门为孩子的儿童诗。邱易东是我国著名的儿童诗人，其作品多次获奖，一些作品还入选语文教材。他的这本儿童诗，立足儿童生活，反映孩子的思想状况，表现孩子的想象力，还把目光对准自然小生命，把读者带进了一个幻想与幽默相结合的语言世界和童年情境里。

6.《我的事情我做主》（适合9~12岁孩子），蠡诺著。这是青年女作家蠡诺（李娜）专门为孩子们创作的儿童小说。小说塑造了一个有缺点但魅力多多的小暖男，他用自己的智慧感受着成长乐趣，学会改变自己、实现自我，迎接生活和学习的挑战。语言生动、幽默，展现了丰富灵动的校园生活，表现了烂漫的童年世界。

7.《城乡留守儿童系列小说》（适合10~12岁孩子），徐继东著。这套儿童小说包括《乡下孩子与城里娃》《山村小学的纸足球》和《那油菜花开的日子》三部。这些小说塑造了一系列留守儿童形象，并讲述了他们是如何与城里孩子相处的故事，演绎了童心的温暖，表现了留守儿童"苦难中的倔强"和"嬉闹中的智慧"，展示了作家的人文关怀及对现实生活的关注。

8.《圆桌对面的孩子：没有身份证的男孩》（适合12~18岁的孩子），鞠慧著。这本书是作者在参加少年犯陪审的20个案例基础上创作的报告文学，有作者对失足少年经历的描述，也有作者对成长的思考。它启迪少年读者要用心、用智慧学会自我成长，不要轻易跌倒，更不要坠入犯罪的深渊。这本书是近年来少有的适合少年阅读的警示性的报告文学。

9.《作文小论》（适合10~14岁孩子），谭旭东著。这是一本指导小学生作文的书，作者以作家的感受，谈了读书，谈了写作，尤其谈了很多作文的方法。这本书是学者、作家和语文教育专家结合作文指导实践写出来的，具有一定的高度，也适合家长和语文老师阅读。

10.《地球另一端的彩虹》（适合10~14岁孩子），王岚著。小说讲述了上海少女到澳洲高中留学，到地球的另一端体验新的生活的故事。新的环境、新的经验、新的形象、新的故事……小说用细腻、生动、流畅的语言描述了上海少女的一段成长历程，展示了异国风情，揭示了少女内心的秘密，把童心、少女、青春的多重色彩刻画出来，给读者全新的阅读体验。

◎有一位妈妈对我说："我儿子特爱看电视，我都管不住他。您说怎么办？"我笑了，说："你的儿子，你都管不住，那我更管不住了！"然后我对她说："你们家里大人一定也很喜欢看电视。如果你们大人把电视关了，孩子也就不会看了。另外，家庭娱乐和游戏活动其实可以有很多种形式，为什么一定要和孩子一起看电视？"

5. 推荐三本家庭教育书

市场上家庭教育类图书很多，但良莠不齐。我读过了几十种，感觉有一些就是七拼八凑出来的。下面，我推荐三本家教书，两本是父亲写的，一本是母亲写的，都带着鲜活的体验和经验，很值得父母学习。

1.《与儿子一起成长：妈妈当好培训师》：教你做一个合格的妈妈

近几年，市场上家教书漫天飞舞，让人眼花缭乱。究其原因，一是图书出版秩序混乱，跟风炒作，不讲文化责任。二是很多父母缺乏教子热情和耐心，不愿意用心于亲子教育，而希望获得省心省力的良方。事实上，家教没有多少秘诀，最重要的就是要实践，父母一定要身体力行，用心做父母，承担起应有的哺育孩子和教育孩子的责任。因此，真正的家教书一定不是空洞的理论和说教，而是切身的家庭教育经验。尹建莉的《好妈妈胜过好老师》之所以畅销，大概也是因为提供很多切身的鲜活的家教经验，感性，可读，而且有针对性，也能启发很多年轻的妈妈。孙翠珍发来了她的家教书《与儿子一起成长：妈妈当好培训师》的电子稿，让我读一读，写个序言。说实在话，在家庭教育方面我有很多经验，但还算不上是

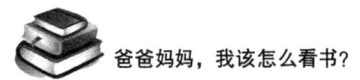
爸爸妈妈，我该怎么看书？

专家。不过，因为研究儿童文学，也涉足语文教育，很关注儿童成长，写了很多童书，也被人称为"儿童教育专家"，但内心并不踏实，也不敢自称"家教专家"。读了《与儿子一起成长：妈妈当好培训师》，很喜欢这部书稿，我觉得它堪比尹建莉的《好妈妈胜过好老师》，甚至语言更流畅一些，经验更具体一些，也更具有代表性一些。尹建莉的优势，是她的学术背景，她毕业于北师大教育专业，获得了硕士学位，理论概括性强一些，能够从自身教子实践中提炼出家教的新观念。而孙翠珍虽然没有尹建莉这种教育专业的背景，但她不但有丰富的教子经验，还有多年开办培训班的经验，特别是她亲自转化了很多"问题孩子"，因此她能提炼出很有说服力也很有感染力的案例，让情感说话，让事实说话，不做高头讲章。如第一章《妈妈的言传身教》，每一节写得都很好，身教胜于言教，把爱示范给孩子，培养孩子的好习惯，不娇不宠，后天能力的培养，等等，娓娓道来，如数家珍，而且每阐述一些观点，就有亲身经历的事件，发生在身边的故事，她和儿子璐璐的事，因此，读起来毫不矫揉造作，更不无病呻吟。孙翠珍学历不高，属于自学成才，她投身于教育，与其说是为了生活，还不如说是顺应天性，她内心有爱，对孩子充满信心，对童心世界寄予厚望，因此每次接受学生，都会认真对待，细心呵护，悉心照顾，认真引导，并教出成效。在家庭里，孙翠珍是一位好妈妈。在培训班里，在学校里，她是一位好老师，而且是一位把母爱与教育责任融为一体的好老师。她谈智商教育，谈情商教育，谈如何成就孩子，谈单亲孩子的教育，都注重融入生命体验，链接生活经验，把爱的情感渗透到文字里，让读者在接受新观念时，心灵受到感染，情感得到丰富。所以读《与儿子一起成长：妈妈当好培训师》，不止是一次教育培训，更是一次灵魂的洗礼，一次精神的提升。去年以来，我应邀到各地做了多场亲子阅读的讲座，谈到了一些家庭教育的问题。根据我的观察和研究，中国家庭教育普遍存在三个问题：一是很多家庭以"隔代教育"取代"亲子教育"，即很多家庭不是父母教育孩子，而是让爷爷奶奶、姥姥姥爷来带孩子。二是很多家庭以"学校教育"取代"家庭教育"。不少父母，孩子上了幼儿园，就把所有的教育责任和希望寄托给了幼儿园；当孩子上了小学、中学，又把所有的教育责任推给了老师。其实，师生关系再好，老师再负责任，也无法替代父母。三是很多家庭以"物质满足"取代"精神满足"，父母乐于给予孩子物质，而不重视孩子的精神塑造。很多父母，愿意给孩子买好吃的、好穿的、好玩的，却不愿意给孩子买书，也不愿意和孩子一起读书，更不愿意和孩子做心灵上的沟通。因此，我们周围的很多家庭，孩子稍微长大一点，就会和父母之间有代沟，甚至孩子会很早叛逆。所以，每次给家长做讲座，我总会呼吁年轻的父母要重视亲子教育，要多多学习亲子教育经验，做有教育智慧的父母。孙翠珍的《与儿子一起成长：妈妈当好培训师》这部书就展示了一位妈妈的教育智慧，也让人看到了亲子教育和家庭教育的希望。韩国一位叫张炳惠的妈妈，写了一本书，叫《好孩子99%靠妈妈》，今年已经由海天出版社出版，我写了推荐语。这本书在韩国很畅销，是作者50年教育经验的提炼，书中也提出了"父母才是最好的老师"、"教养得当，任何奇迹都有可能发生"、"好父母才能教育出好孩子"、"基础教育比超前教育更重要"等观点，孙翠珍的经验和观点与张炳惠不谋而合，但孙翠珍的教子经验更具体，更富有感染力。因此，读了

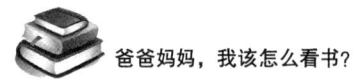
爸爸妈妈，我该怎么看书？

《好孩子99%靠妈妈》，我对孙翠珍的《与儿子一起成长：妈妈当好培训师》这本书更有信心！希望读者会喜爱这本书，期待有更多的智慧的妈妈！当然，也期待那些想做智慧的爸爸的人，也来好好读一读《与儿子一起成长：妈妈当好培训师》，用爱的行动来写一写爸爸与孩子的成长故事！

2.《做智慧父亲》：教你做富有智慧的爸爸

这些年，因为从事儿童文学、儿童阅读和语文教育研究，我应邀到很多小学、中学和各地图书馆、阅读机构做关于儿童文学、语文教育和亲子阅读的讲座，接触了很多老师和家长，也了解了很多学校和家庭教育的问题，尤其是对家庭教育、亲子阅读有了很多认识和思考。

作为父亲，我也经常带女儿旅游、玩耍，带她参加社区活动，也常和女儿班上的一些家长交流，再加上对乡村家庭及身边一些城市家庭的观察，我发现，中国很多家庭在教育孩子问题上存在很多问题，尤其是在家庭教育上存在以下三个误区：

一、以"隔代教育"取代"亲子教育"

所谓"隔代教育"，就是很多家庭里，年轻的父母一生下孩子，就把孩子交给老人照看。爷爷奶奶和外公外婆老了，不能颐养天年，又成了第三代的抚养人。很多年轻的父母，即使工作不忙碌，也不愿意亲自带孩子，更不愿意在孩子的教育上用心。这种亲子教育的缺席无论在城市，还是在乡村，都很普遍，对孩子的成长是十分不利的。事实上，隔代教育无法取代亲子教育，父母对孩子的影响是爷爷奶奶、外公外婆所不能替代的。首先，爷爷奶奶、外公外婆体力不行，在照看孩子的过程中，会因为过度劳累而损坏身体。其次，爷爷奶奶、外公外婆往往会溺爱孩子，娇惯孩子，让孩子养成一些不良的生活习惯。再者，爷爷奶奶、外公外婆带孩子还有一个不利的因素，就是他们因为体力不行，无法满足孩子运动游戏的需要，所以孩子的户外活动少，身体健康难以得到保证。当然，最不可忽视的是，爷爷奶奶、外公外婆这一代的学历层次、文化水平普遍不高，他们的知识和能力不可能满足今天孩子成长的需要。我了解到一些家庭，孩子很小就近视了，主要原因是父母把孩子交给外婆带，外婆年龄大，没什么力气，不能带孩子常去社区里做游戏，参加户外活动，只好带着孩子坐在沙发上看电视，时间一长，孩子近视了，而且天天离不开电视节目，学习习惯也不好。

二、以"师生关系"取代"亲子关系"

很多年轻的父母，当孩子可以上幼儿园了，他们把孩子送进幼儿园，把所有的教育责任和希望都寄托在幼儿园老师的身上。当孩子上小学了，把孩子送进学校，又把所有的教育责任和希望都寄托给了小学的老师。其实，师生关系无法和亲子关系相比。师生关系再亲密，它只是一种职业关系，不是血肉亲情的关系。一位优秀的讲师德的老师会关心孩子，会尽可能地指导孩子、引领孩子，但他所做的无非是遵守了职业道德和职业准则。老师可以做孩子成长之路上的良师益友，但再好的老师也不能取代父母的角色。孩子上了幼儿园，或者上了小学、中学，家庭教育依然不可放松，父母依然要关注孩子，关心孩子，要了解孩子在学校的学习、交友状况，要尽量辅导孩子的学习，要十分用心帮助孩子发现和解决成长与学习中遇到的问题。

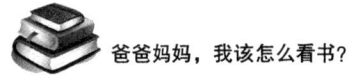
爸爸妈妈，我该怎么看书？

三、物质满足过度，精神陪伴和引领缺失

现在很多家庭，父母在孩子的生活、学习和游玩等各方面都很舍得花钱，但却很少陪伴孩子，尤其是在情感上、精神上引领孩子不够，甚至有一些家长只能满足孩子的物质需要，不愿意和孩子进行精神的沟通，更谈不上引导孩子。在我们周围，有的父母一到周末就会开车带孩子到好的餐馆吃好吃的，去郊区游玩，甚至有的父母常带孩子进一些豪华的会所，孩子要买什么吃的穿的用的，都愿意掏钱。有的父母，只要有三天假日，他们就会带着孩子去东南亚旅游，甚至这个月去济州岛，下个月去普吉岛，今年去美洲，明年去欧洲。但这些家庭里的父母却不愿意陪孩子逛逛书店，有时候才买了几本书，就抱怨书价太高。有些城市里的家庭，家里有各种高档的家具、电器，甚至很多玉石珠宝，却没有一个像样的书房，或者没有几本适合孩子读的好书。其实，一个文明的家庭，一个有教养的家庭，应该是充满书香的，应该是具有很好的亲子氛围的，而且父母和孩子有很好的心灵的沟通。

以上这三个误区，是家庭教育很多问题的根源。尤其是独生子女一代，由于缺乏足够的、科学的、充满温情的家庭教育，出现了很多问题。比如说，由于隔代教育，有些孩子长大后，身体素质差，心理不健康，也比较自私自利，不善于与人合作。由于长期缺乏亲子教育，很多年轻人对父母没有情感，长大了只习惯索取，成了啃老一族。还有的家庭，因为重物质满足，不在乎孩子的精神需求，孩子不爱读书，也缺乏基本的生活能力，同时，他们只会消费，不会创造，父母成了他们的提款机，如此等等。家庭教育如果不走出这些误区，不重亲子教育，父母不承担起养育和教育孩子的责任，不扮演好孩子心灵成长和精神成长的引导者的角色，那么，新的一代要走向文明和智慧，要变得独立自强富有责任感，是非常难的。

这本《做智慧父亲》收集的是我写过的一些随笔，多是自身的教育实践和一些体会，还有几篇是到小学里与家长的座谈与交流的发言，在《中国教育报》《中国女性》《中国德育》《教师博览》《深圳晚报》和《北京青年报》等十多家权威和有影响的报刊上发表。写它们的时候，我也意在启发同龄的家长们走出家庭教育的误区，关注孩子，启发童心，用爱与责任来呵护童年，引领孩子的成长，从而更好地承担和完成父母的责任和使命。从2003年女儿出生起，我就特别用心地为孩子们创作了童诗、童话、儿童散文、寓言和儿童小说等几十部作品，受到了很多小读者的喜爱。我也关注亲子教育和家庭阅读，已经写了《享受亲子阅读的快乐：1～6岁儿童选书阅读全方略》和《让书香润泽童心：6～12岁孩子爱上阅读全攻略》两部书，因为它们对亲子阅读具有直接的指导作用，也传达了一些关于童书，关于教育的知识，很受家长和小学语文老师好评。

近几年，中央人民广播电台、中央国际广播电台、安徽人民广播电台、武汉人民广播电台和汕头人民广播电台等都多次邀请我做儿童教育和儿童阅读的专题访谈，让更多的人了解了我的一些教育理念，也促使我对儿童教育有了更多的思考。《中国教育报》《图书馆报》和《南方教育时报》等几十家报刊也多次专题或整版发表对我的访谈，介绍我对儿童教育和亲子阅读的一些看法与理念。中国教育电视台也很关注我对儿童阅读、亲子教育的研究，2013年10月对我进行了专访。因此，越来越多的读者、

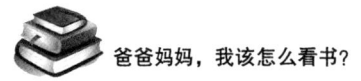

家长和老师对我更为关注。

在此,对这些关注我的电台、电视台、报刊及其编辑老师们表示衷心感谢!也希望这本书能得到广大家长的喜爱!

3.《别把老爸当家长》:一部唤醒父爱的好书

李鲆是一位报纸编辑老师,也研究出版,还写过童话,是一位多面手。我和他交流比较多,和他聊天没有负担,心情愉快,主要原因是我们都有童心,而且都很爱孩子,也都享受着做父亲的快乐。每次一谈起女儿,他比我还兴奋,看得出来,他是一位好父亲,而且也是一位很称职的丈夫,因此,在家庭教育中,他也是一个真正实践者。

有一次,我在微博上看到他晒女儿写的日记,觉得非常有意思,就鼓动他,让他推荐出版女儿日记集。本来他只是觉得女儿的作品有趣,但他却不赞成让孩子早出名,更不愿意炒作女儿的作品。李鲆对女儿有着很人文的呵护,换句话说,他是一位有爱也有智慧的父亲。读《别把老爸当家长:写给女儿的46份情书》一书,感觉这本书就是李鲆的父爱的自然表达,也是他富有智慧的教育观和儿童观的直观流露。

《别把老爸当家长:写给女儿的46份情书》形式和内容都很新颖,该书以书信的方式,与女儿对话,而且涉及了孩子成长的方方面面。如第一篇《你出剪刀,我出布》,以和女儿玩游戏切入,回顾了女儿小时候,作者是如何陪伴她的,并从生活细节入手,来教会女儿一些为人处世的道理。如作者说:"别人没有义务总是让着你。你既然参与游戏,就必须学会遵守游戏规则,以及学会接受结果。规则是游戏的核心部分,没有规则，游戏就没办法继续下去。如果你总想得到规则之外的好处，那么愿意跟你玩的人就会越来越少。"这就是一个生活箴言。第二篇《老爸的词典里，没有"不"和"必须"》也写得很好，有一段话令我难忘："**我不认为勤勉是必需的。我自己是个勤勉的人。正常工作之外，我用大量的时间读书写作，甚至节假日也是如此。有几天不写，我就会觉得虚度光阴。而我也因写作而改变了自己的境遇。但我也不以为，勤勉是必须的。每个人都有权选择自己的生活方式，有人愿意享受工作，有人则更享受生活。我们这一代人，背负着太多的压力，我希望你不必像我这样。**"这里作者是在教女儿做人，也是在教女儿做事业的最基本的方式。还有一篇《我能给你的最宝贵礼物，无非就是安全感》，对家庭环境的重要性和父亲的角色给了很好的诠释："一个人是什么样的性格，有先天形成的部分，也有后天养成的部分。而成长环境对性格养成起着至关重要的影响。在缺乏安全感的环境中成长，孩子就容易变得胆小、怯懦、自卑，对世界身怀恐惧和敌意。亲爱的小妖，我曾经因错误的决定，让你在很小的时候就失去了安全感，但好在，我又通过长期的努力，让你重新拥有了它。这是我所能给予你的，最宝贵的礼物。"

《别把老爸当家长》里，还有很多话类似格言和警句，读起来让人警醒，茅塞顿开。如："父母即家教。有什么样的父母，就会有什么样家庭教育，就会有什么样的孩子。""父母是孩子的第一任老师，对孩子的影响是最大的。孩子会模仿父母的一言一行，甚至会成为父母的翻版。"……它们都给人启迪。在《不把老爸当家长，是对老爸最高的赞赏》这一篇里，有一段话说得非常好："我是首先把你当成一个'独立的人'，其次

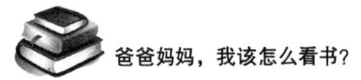 爸爸妈妈,我该怎么看书?

才把你当成'我的女儿'来看待的。事实上我对'家长'这个词有点隐隐的反感,因为它意味着监护、权威、管教,甚至是命令和对抗。而我更希望,我们是平等相待的朋友,是高度信任的亲人,是一起游戏的玩伴,是相互学习的对象,是一致对外的'同案犯'。后一类,要美好得多。"读这样的话,谁还能不知道该怎样做父亲吗?

我曾在多场儿童阅读和儿童教育讲座中提到,现在中国家庭教育普遍存在四个问题:第一,以隔代教育取代亲子教育,即很多家庭里,是爷爷奶奶和外公外婆在带孙子孙女。第二,很多父母在孩子一入幼儿园和学校,就把教育责任全部推给了老师,这是以师生关系取代亲子关系。第三,很多家庭里,对孩子的物质满足过度,但给孩子的精神营养不足,尤其是亲子阅读做得不够。第四,很多孩子缺乏父爱,爸爸不关心孩子,爸爸在家里甚至是一个负面角色。李鲆的《别把老爸当家长》这本书,对很多父母来说,尤其是父亲,是非常有价值的,可以说是及时雨。父亲的角色是不可替代的,他在孩子成长中的引导力,是母亲和其他家庭角色难以达到的。

近百年前,鲁迅写了《我们怎样做父亲》,批判了中国人不会做父亲,不懂得如何去关爱孩子,那是对千年的老者文化的批判,也是对国人的思想、文化的启蒙。李鲆的《别把老爸当家长》没有批判别人,却充满着自省,他不只是告诉读者他是如何处理与女儿的关系的,也不只是传递一些做父亲的经验,更多的是谈与女儿进行的心灵对话,而且在对话中,他总是自觉地进行自省,这是非常难能可贵的。可以说,《别把老爸当家长》是一次与孩子的平等对话,是一次父亲角色的革命,是家庭教育的一个宣言。

在忙忙碌碌的日子里，做父亲的，读一读李鲆的《别把老爸当家长》，学会做一个合格的父亲，也是人生的重大收获！

◎书读得越多，你越会发现，世界上没有所谓最好的书，只能说每一本好书都有其不可替代的价值。当然，也没有"中国的书就比外国的书好"的说法。每一本好书都是一个独特的文字世界，有独特的美与意蕴。但即使这样，也没有所谓的"必读书"。

6. 《我爱动物小百科》系列导读

一些少儿出版社和优秀的民营图书公司给孩子们带来了很多好书，尤其是在绘本出版方面，可以说是付出了很多心血。

西安的一家民营图书公司推出的《完美小孩养成书》系列和《我爱动物小百科》系列等，就是非常不错的绘本。读完了《我爱动物小百科》系列（12册），我觉得这套书设计精美高雅，内容丰富多彩，品质超群，给人耳目一新之感。科普读物是儿童阅读中不可忽视的一部分，尤其是介绍动植物知识的童书，是孩子了解大自然、理解生活、熟悉外部环境的一个好的窗口。

这套书有几个特点：一是知识丰富。全套12册，详细介绍了120多种动物，而且这些动物还是世界各地的动物，了解它们，也能了解世界各地的一些人文、地理知识，满足了孩子的好奇心和求知欲。二是画面精美。图画都是纯手工绘的，描物拟态都很传神，让孩子一看就能辨认出动物的外貌形态及物种特点，既拓宽了孩子视野，同时也启迪了孩子的思维，张扬了孩子的想象力。三是介绍动物的文字很准确，同时也考虑到了孩子的接受特点，显得简练而富有童趣，让孩子觉得易亲近。四是这套书

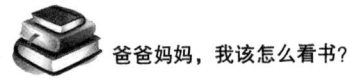
爸爸妈妈，我该怎么看书？

的内容设计精美，每一册后面都有趣味知识的介绍，把整本书的内容做一个简要提炼，有利于孩子阅读后进行总结和学习。五是这套书既适合孩子自主翻阅，也适合父母和孩子一起读，是亲子阅读的好材料，也是幼儿园和小学里科学教育的好教材。

怎样读这套书，我有一些建议：第一，这套书的知识性强，属于真正的动物小百科，因此阅读第一遍时，家长尽量地和孩子一起阅读、欣赏，适当地加以解释，然后再鼓励和指导孩子自主阅读。第二，在读完这套书后，家长可以和孩子一起讨论动物的特点，寻找各种动物的差异。比如说，《马》这一册介绍了阿拉伯马、夸特马、阿帕卢萨马、夏尔马等9种马，并介绍了它们各自不同的特点、产地和价值等等，面对这些信息，家长要引导孩子仔细区别，寻找它们的不同点。第三，注意每一册里所包含的地理知识、生物知识和民俗文化，让孩子从图片中找到更多的有效信息，实现阅读的深度化。

现在，很多家庭很重视亲子阅读，家长很舍得花钱给孩子买书。但有些家长买书时不太讲科学，只买自己喜欢的童书。比如说，有些家长只认为童话绘本好，或者童话书好，他们就只买这两类书，因此说不太注意买书的科学性。其实，亲子阅读也好，还是孩子的自主阅读也好，要尽量注意多元化，就像孩子吃饭吃菜，为了保证营养均衡，就不能挑食、偏食。如果只给孩子吃单一的食品，孩子就可能营养不均衡。无论如何，儿童阅读要尽可能多元化，这样一来，既可以拓宽孩子的视野，也可以促进孩子的认知，还能更好地满足孩子的好奇心。相信《我爱动物小百科》系列会给家长们惊喜，会给孩子们留下美好的印象。

儿童阅读微论

◎亲子阅读是家庭教育的重要一环,亲子阅读对父母的素质有如下要求:第一,爱读书,喜欢买好书。第二,了解童书,能够挑选优质童书。第三,对不同的童书有不同的看法,具备基本的文学知识和审美能力。第四,了解阅读的价值和意义,掌握了一些阅读技巧。第五,有耐心和恒心,能坚持做好亲子阅读。

◎孩子学习习惯的养成,要靠家庭在他们幼儿期开始培养,亲子阅读就是一个好的办法。爸爸妈妈经常给孩子读书、讲故事,会让孩子早早地亲近文字,学会品味文字里的乐趣,懂得学习的重要性。

7. 《完美小孩养成书》导读

现在引进的欧美童书很多，市场上鱼龙混杂，但怎样辨别和选择优秀童书，给孩子营造优质的阅读环境，是一个值得重视的问题。

比利时童书作家丽斯贝特·史蕾洁斯创作的**《完美小孩养成书》**系列，它包括**《情绪宝典》《生活宝典》《感官宝典》**和**《动物宝典》**四册，把知识启蒙、情感培育、故事欣赏与审美教育结合起来，是非常值得推荐的书。《情绪宝典》是一册非常好的情绪管理绘本，里面的凯文是个机灵敏感的小男孩，爱哭，爱闹，爱生气，易伤心，害怕陌生环境。作家以故事的方式，教给小读者如何控制这些情绪，学会适合环境，学会与人交往。《生活宝典》更是启迪智慧的入门书。每个孩子都要长大，都要学会生活，尤其是要学会独立生活，培养自立能力。《生活宝典》讲述了凯文日常生活里的故事，以期告诉小读者怎么面对日常生活，学会怎么穿衣、戴帽、拉便便、吃饭、刷牙……做一个会动手的孩子，做一个能独立生活的人。《感官宝典》的角度选择非常巧妙，内容设计也很独到，一般人很难注意到幼儿的感官世界，也容易忽略孩子对外部的敏感性。这册绘本让我们知道幼儿是如何听声音、看世界、闻气味、尝味道、触摸外物

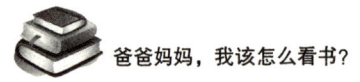 爸爸妈妈，我该怎么看书？

的……它告诉小读者，身体的每一个感觉器官都是有用的，我们应该如何发现自我，如何学会感受生活和外部环境。《动物宝典》非常有趣，它让小读者了解各种动物，身边的、动物园里的、山野里的、水里的、天上飞的等各种动物；也让小读者了解各种动物的特点、习性……作者用精美的画、活泼的语言、对比的手法，让小读者了解知识，认识自然世界。总体来看，《完美小孩养成书》系列制作精良，图画趣味性强，而且形式新颖。

儿童心理学研究表明，今天人的大脑和原始人的大脑的组成差异并不大，但今天的人为什么文明了许多？说明后天培育的重要性，也就是一个人的成长环境不可小视。中国人有句俗话："三岁看大，七岁看老。"早期教育非常重要，父母如何培育孩子，如何让幼儿变得聪明，甚至是变得完美，是要用心的。幼儿如何感受世界，如何学会生活，如何逐渐地适应社会，如何认识周围的环境和人群等等，这些需要父母的言传身教，也需要父母借助图书来引导孩子，让他们幼小时就亲近阅读，同时也通过阅读来学习，来进步，来完善。从这个角度讲，《完美小孩养成书》系列的创作和出版很有价值。

近几年，我常应邀到各地做亲子阅读的讲座。很多家长对亲子阅读很困惑，不知道该选什么书，不知道怎么进行亲子阅读，也不知道进行亲子阅读的基本方法。其实，亲子阅读需要读物多元化，也要选择最合适的童书，同时，父母要真正投入精力，用心去给孩子选书、读书，把阅读当作生活的一部分，才能让孩子真正养成好习惯、好品行。《完美小孩养成书》系列内容很丰富，从知识、习惯、感知、认识和情绪等几个方面，培养孩子各方面的能力，是一套亲子阅读的好书。读这样的书，幼儿能很快学会了解外部事物、认识动物、学会生活、控制情绪，从而能够尽快地适应外部环境，进入到更高的更复杂的社会生活。

读《完美小孩养成书》系列，我有一些建议：第一，这套书里的文字很简洁，也很有趣味，符合幼儿接受特点，因此父母可以大声朗读，让孩子从小就感知语言，感受音韵和节奏，享受朗读的乐趣。第二，这套书里有可爱的小孩，有各种动物、生活场景和生活用品，读的时候，父母可以和孩子一起辨认、对比、学习，甚至是用画笔一起来摹仿，这样也可以加深孩子的认识，提高孩子的绘画能力。第三，这套书里有很多生活场景和生活物件，父母在给孩子读的时候，可以结合具体的家庭生活场景，增强孩子对知识的理解。第四，可以让孩子复述这套书里的故事，也可以在阅读全书之后，让孩子看图说话，培养孩子的语言组织能力，拓宽孩子的想象空间。第五，父母给孩子读这套书的时候，情绪要饱满，要有感染力。如读《情绪宝典》时，表情可以夸张一些，让孩子能够明显感觉到各种情绪的特点，从而达到让孩子学会控制、学会协调的目的。

总之，无论是读《完美小孩养成书》系列，还是读别的童书，父母都要敢于实践，愿意付出，同时要满怀信心，对孩子要有信任感。亲子阅读对父母的耐心和智慧都是一次考验。有爱的目光，有温和的情感，有对孩子的信任，孩子会从亲子阅读中学到很多知识。相信通过亲子阅读，爱与美的种子会在孩子的心田里萌芽、抽绿，长成坚强的大树，开出灵性的鲜花，结出智慧的果实！

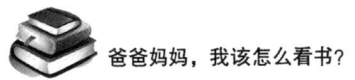

儿童阅读微论

◎有些孩子很爱问大人各种稀奇古怪的问题,尤其是哲学和历史问题,建议家长可以给孩子读赫拉利的《人类简史》和霍金的《时间简史》,也建议家长给孩子买一些历史普及读物。

8. 《于文胜儿童文学作品选》导读

新疆有一批优秀的儿童文学作家,如刘乃亭、于文胜和毕然等,因为地域原因,和外界交流不多。于文胜是一位很有创作实力的儿童文学作家,出版了40多部儿童诗、童话、寓言和儿童故事,其中8种被翻译成英文在美国出版。

2016年,《于文胜儿童文学作品选》问世。这套选集一共5册,分别是短篇童话集《偷尾巴的萌萌哒》和《卡拉麦里的小羚羊》,还有寓言故事集《要在北方过冬的大雁》、儿童诗集《会唱歌的红雪莲》和长篇童话《蚂蚁王子历险记》。出版社给我寄了一套,我认真读了好几遍,不但深受教益,也深受感动。这套书让我比较完整地了解了于文胜的儿童文学创作成绩,学到了儿童文学创作的知识,受到了艺术的启迪,感受到了这位作家的童心,感受到了他对儿童和儿童文学世界的理解,以及他对新疆这片土地的深厚感情。

《蚂蚁王子历险记》这部长篇童话是一部"历险记体"的童话,完全结合了经典童话的美学元素,讲述了一个关于善与恶、智慧与愚昧相斗争的故事。《卡拉麦里的小羚羊》这部短篇童话集里收入了《喀纳斯童话》

《卡拉麦里的小羚羊》《石头城童话》《坎儿井传说》和《葡萄园故事》等5个童话故事，它们都借鉴了民间童话的叙事艺术，也用生动感人的情节展现了童话形象的魅力。其中，《喀纳斯童话》给人印象深刻，饱含着作者对新疆这片土地的炽热之爱。童话的主人公喀纳斯是一头无比强壮的马鹿，也是天宫里九十九头马鹿的头儿，它的任务就是管理好其他的马鹿，并负责每年向玉皇大帝贡献一次鹿茸。喀纳斯经常率领马鹿们离开天宫到凡间的阿尔泰山。有一次，喀纳斯来到阿尔泰山，发现河流干涸、草儿枯萎、庄稼绝收、动物尸体遍地、村庄里没有人烟，它决定带领众鹿开山劈石，引湖水去浇灌草原和农田。但喀纳斯的举动惹恼了湖里的五角龙，它要置喀纳斯于死地。多亏马鹿们团结一心，斗败了五角龙。五角龙当然不会善罢甘休，它去东海搬来了虾兵蟹将，还搬来了一座雪山，把湖水封住。于是，草原和农庄又陷入了灾难。喀纳斯带领马鹿们不畏艰难，挖开了雪山，挖出了大湖，斗败了虾兵蟹将，杀死了五角龙。而喀纳斯为了恢复湖水，让人间不再干旱，它躺进了湖底，头化作了雪山，身子化作了湖水，滋养着那里的人们。《卡拉麦里的小羚羊》也是满怀深情，动人心弦。小羚羊生活在干燥荒凉的卡拉麦里大戈壁上，有一天，它发现了长在石头缝里的一棵小树苗，它决定天天给小树苗浇水，还得到了爸爸妈妈的支持。但当小树苗长得和小羚羊一样高时，一场飞沙走石的大风，把小树的树叶全打掉了。但小羚羊没有放弃，依然坚持每天给树苗浇水，树苗又长出了新芽，还越长越高，但到了冬天，一场大雪把树苗埋起来了，枝条也被雪压断了。小羚羊流着眼泪把树苗扶起，用红柳条接起树苗的断枝。等到春天来了，树苗活过来了，而且长成了大树，结了很过果实，原来，它是一棵苹果树。小羚羊的苹果树果实熟了，引来了野驴、野马、野骆驼和野兔们来观赏，小羚羊给它们分了苹果，还教它们如何种果树。在小羚羊的努力下，荒凉的卡拉麦里大戈壁变成了绿洲。这个童话故事充满爱，给人奋斗的力量，也从侧面展现了戈壁滩上生命的倔强。读这篇童话，感觉作家在用童话来向生命致敬。

《会唱歌的红雪莲》是一部儿歌和儿童诗选集，佳作琳琅满目，读起来令人心旷神怡。如《河水》："河水河水我问你：/你为什么这么欢？/河水笑着来问答：/我为人类发了电。//河水河水我问你：/你为什么不歇脚？/河水笑着来回答：/我要去地里浇麦苗。"这首儿歌采用了传统童谣的"问答调"，一问一答，加上拟人化的意象，使得儿歌既有趣味，又有美感。如《阿姨叔叔笑着夸》："云姐姐，扬雪花，/铺天盖地白花花。//小朋友，除积雪，/你扫我铲干劲大。//道路扫得真干净，/阿姨叔叔笑着夸。"这是一首生活儿歌，有动作，有声音，场景生动，气氛很浓，小朋友在雪天扫雪铲雪的模样给读者印象深刻。这首儿歌用朴素的语言赞扬了孩子的美德。《会唱歌的红雪莲》里的童诗，品种多样，有的是童话诗，有的是抒情诗，有的是哲理诗，还有的是叙事诗。如《幸灾乐祸的下场》："松鼠摔下了树，/兔子在一边瞧。/松鼠抹眼泪，/兔子哈哈笑。//笑松鼠没本事，/小松鼠折断了腰。/笑啊笑啊，笑裂了嘴，/疼得兔子捂住嘴巴叫。"这是一首童话诗，构思很新颖，把兔子的物性特征表现得很巧妙，故事性也强，还自然地传达了为人处世的道理。当然，这首诗里兔子的形象也跃然纸上，让读者觉得很有意思。《喜鹊和乌鸦》和《有理想的乌鸦》这两首也是童话诗，有寓言的哲理，也有童话的幻想，还有诗的韵

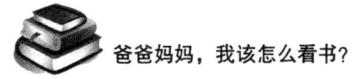
爸爸妈妈，我该怎么看书？

味。于文胜的儿童抒情诗写得也很美，如《额尔齐斯河》《黑头山》《阿尔泰山》和《克朗河》等，都是以新疆的山川景物作为描绘和抒情对象的，既有地域文化特点，也有诗人深情的流露。《假如》《梯子》和《团结起来力量大》等哲理诗很美，哲理自然融入，启迪读者思索。

《要在北方过冬的大雁》这部寓言故事集，收入了《爱打扮的小花猫》《爱炫耀的乌鸦》《驼峰的来历》《电风扇和暖气包》《两只狗儿》和《乌鸦学本领》等20多篇小寓言。小小的文字，有限的格局，寓言和童话相结合，寓教于乐，读起来趣味生动，有的甚至令人忍俊不禁。给儿童写寓言并不简单，有的人认为寓言太说教了，但于文胜的寓言没有生硬的道理，却饱含故事的魅力，它们展示了文学的张力和艺术的素养。看得出来，于文胜对儿童文学创作驾轻就熟，信手拈来，姿态从容，有着满满的自信。从这些小寓言里，不难读出于文胜对儿童的殷切呵护之心。作为出版人，他要创造文化产业的社会价值和市场价值；但回到儿童文学世界里，他是毫无功利之心的，他像一个心地纯净的孩子。

张可让在序言里说，于文胜的儿童文学作品可以用"情、趣、悦"三个字来概括。所谓"情"，就是作品里充满了亲情、友情、爱情以及作者对生活的热情。这些情，能使儿童们在感悟中明白做人的道理。所谓"趣"，就是故事生动有趣。作品中花草飘香，小动物活蹦乱跳，能使儿童们在阅读中认识生命的珍贵。所谓"悦"，就是用儿童的视角、儿童的口吻讲故事，符合儿童的阅读心理。张可让的话说得很到位，准确地概括了于文胜儿童文学创作的特点。于文胜是一个既注重形式创新，又重视内容创新的作家，他的作品，无论童话、寓言，还是童诗，都是童心天然流露，都是用心写出来的，情感真切丰富，儿童生活趣味浓郁，散发出纯真的气息，让读者在快乐中得到美、爱与教益。

当然，于文胜的儿童文学作品还有一个可贵的品质，就是语言很规范、流利，既有修辞之美，也有朴素的质地，是很纯正的儿童文学。

◎在讲座时，我告诉家长，童书也是一种玩具。孩子读书，或者给孩子读书，其实也是在玩一种纸上游戏。当然，写作就是一种文字的游戏。不过，写作是作家和文字做游戏，而读书，是读者是文字做游戏。特别是孩子在读故事时，他会变换场景、置换角色，让自己也进入故事，体验故事角色的乐趣。

[第四辑]

书香校园，书香假期

1. 儿童阅读推荐的规矩

这几年来，差不多每年的暑假和寒假，纸媒上和网络媒体上都会出现各种非官方的儿童阅读推荐图书，有的是小学校长列的寒假阅读书目，有的是专业阅读推广人列的必读书单，还有的是一些爱书者的个人书单，更有出版社和媒体组织的童书排行榜。应该说，儿童阅读推荐很有必要，特别是在童书每年海量出版的今天，恰当的有利于儿童素养提高的阅读推荐，对儿童在假期进行有针对性的阅读意义重大。

但非官方的儿童阅读推荐也出现了几个不可忽视的问题：一是阅读推荐缺乏必要的准入机制。不少童书推荐是只出版商推销书的手段，对儿童阅读往往缺乏有效的指导性。二是推荐人缺乏认真的推荐姿态和清晰的尺度。有些阅读推荐人列出的书单，一看就是专门为一家或几家出版社做的推荐，并没有广泛的阅读基础。三是有的童书推荐书单一看就比较随意，如动不动就列出几本众所周知的中外名著，还有的动不动就是《唐诗》《宋词》《弟子规》和《三字经》等，还有的列出来的都是媒体炒作的热点书，看不出推荐者的筛选过程。四是各类童书榜背后的商业目的太明显，因此给读者一种功利的印象，影响了儿童阅读推荐的严肃性和权

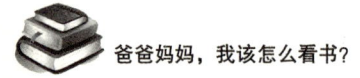爸爸妈妈，我该怎么看书？

威性。

因此，应该规范民间儿童阅读推荐，让其既能反映童书出版的真实生态，又能切实促进优质童书进家庭、进校园，促进儿童的成长。我觉得，应该给儿童阅读推荐立三点规矩：

第一，不能随意用"必读"两个字来做推荐。现在许多推荐机构或出版商动不动就用"必读书目"的字样，这是不科学的，也很武断霸道。土豆再有营养，也不能规定"必吃"；不吃土豆，人也照样可以活，他还可以吃米饭，吃别的食品。用"必读"，和用"必吃"两个字一样很值得推敲。因此，推荐机构在用"必读"二字时，应充分考虑孩子的心理特点以及所推荐书目是否真的适合孩子。

第二，不能随意用"最"字来做推荐。现在不少童书推荐机构，都把所推荐的书冠以"最值得读的童书""最美童书"之类的修饰语，这也是不对的。优秀的童书，尤其是经过了几代读者筛选过的经典，没有所谓的谁"最美最好"的说法。用"最美最好"或"最值得推荐"之类的修饰语，与"必读"一样，不但武断、不科学，也容易误导读者，甚至会引起一些读者的反感。既然是推荐，就不应该强迫读者的意志。要知道，所有的推荐书目都是给读者参考的，而不是去强迫读者购买与接受。

第三，无论是个人推荐，还是出版商、出版人和媒体的推荐，都要以童书的品质为基础。如果儿童阅读推荐能够帮助读者从同期出版的童书中找到相对优质的童书，那就是真正的负责任。因此，民间阅读推荐要尽量以服务的姿态去呈现，而不是扮演一种权威的姿态。

现在，在新闻出版有关部门以及民间力量的推动下，儿童阅读越来受到重视，城市家庭里的亲子阅读、社区的阅读活动和学校的阅读课等都逐步开展起来，儿童阅读推荐的价值也越来越显现出来。把真正的好书推荐给儿童，不只是引领儿童阅读文化，也是在规范童书出版，让童书出版朝着更加健康的方向发展。因此，做好儿童阅读推荐，值得关注，也该立规矩。

◎有家长说，各种图书排行榜让人眼花缭乱，应该相信谁？我说，第一，不要相信排行榜，排行榜大都是商业炒作的手段。第二，不要依赖专家，专家的意见只供参考。真正的阅读要靠自己辨别，只有自己亲身进行阅读实践才能真正掌握话语权和判断力。因此，家长要抓阅读主动权。

◎推荐三本书：1.《杨唤童话诗画》，这是台湾儿童诗诗人杨唤的代表作品的结集。2.《心形雨花石》，童妍文，王祖民图，这是一个反映抗战的绘本。3.《小螃蟹学走路》，张菱儿著，这个小童话集适合小学低年级学生阅读。

◎我的儿童散文集《童年的月光光》由山东人民出版社出版。这是我特意为小学生写的小散文，既温馨又清新，适合小学中高年级学生阅读。

2. 暑假如何安排孩子阅读

暑假快过一半时，中小学生的暑假作业也基本上做完了，很多出版社都在积极抓住这一商机，利用媒体、书店和其他公共场所来推荐自己的图书。而在城市家庭里，一些家长也会尽可能地增加孩子的课外阅读书目，让孩子在暑期多阅读一些图书。

一般来说，家长给孩子读的书大致是通过这几个渠道获得的：一是让孩子读一些语文老师推荐的图书，特别是会让孩子读一些对学习和考试有直接作用的图书。比如说，暑假中的作文书就卖得比较好，很多家长都希望孩子能从作文书中习得作文的技巧。二是让孩子参加一些夏令营，让孩子听一些作家讲座，并购买一些作家签名的图书，这样一来，孩子会觉得很开心。三是家长根据一些专家的推荐来买书，并安排孩子在暑假阅读。四是参加一些"读书讲座"或"亲子阅读"活动，在活动现场购书。现在北京就有很多由一些儿童文学作家、童书阅读推广人开办的童书馆，他们也经常在社区举办一些阅读讲座，既给幼儿家长推荐一些绘本，也向小学生推荐一些本土原创儿童文学图书和一些外国童书。五是家长自己带着孩子到新华书店去选书，或者家长通过当当网、卓越亚马逊和京东等网络

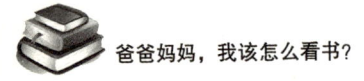

书店购买适合孩子阅读的书。

这五个渠道总体来说还是比较靠谱的,但也并非没有问题。比如说,老师推荐的书是否真的适合孩子?另外,应试性的学习辅导书对孩子是否真的有作用?专家推荐的书是否真的靠谱?我曾见过一些所谓的"儿童阅读推广人"开列的书单,其实都是他们凭着个人爱好和兴趣而开的。有一次见到几位专家开的书单,有几百种图书,其中绝大部分是国外的儿童文学图书,这显然就不是一个值得信赖的书单。因为我怀疑这么多书,这几位专家未必全都阅读过。他们为什么要列那么多的书呢?选书的标准又是什么?所以我觉得,给孩子开书单,一定要基于两个原则:首先,这些图书质量要有保障,而不是因为你与这位作家关系好,或者你与这本书的出版单位关系好,你就推荐这本书。其次,儿童阅读不能仅仅只读绘本,也不能只读儿童文学图书。孩子的阅读应该是一个"营养套餐",它应包括文学图书、科普读物、知识读物,甚至还包括游戏、动漫和作文辅导书等等。一个暑假阅读书单是否科学,一看书单里的各类图书的所占比例就知道了。

当然,暑假孩子阅读效果如何,也不能仅仅靠几本好书,还要有家长的指导。这就需要家长自己读书,并且在阅读中体验书籍的美与力量,积累阅读的方法和经验,这样一来,家长才能有效地指导孩子的暑假阅读。从这一点来看,童书出版不但要考虑孩子阅读的乐趣和教育效果,还要考虑到课外阅读的科学性和家长与孩子的互动性。

儿童阅读微论

一位老师问我:给孩子做了亲子阅读,发现孩子很喜欢,那么下一步该怎么办?我说,下一步,就接着给孩子读书吧。每天坚持给孩子读书,而且最好在固定时间给孩子读书。当然,要注意选择好的读物,先让孩子喜欢,然后再逐渐地实现阅读的多样化,把孩子一步一步引领到纯正纯美的文字世界里。

儿童阅读推荐

◎给小学生推荐几份报纸:《少年儿童故事报》《中国少年报》《小学生拼音报》《语文报·小学版》《小学生阅读报》《小青蛙报》和《少年日报》,这几份报纸都不错。其实看报纸很合算,信息多,而且花钱少。另外,报纸给孩子更容易亲近的感觉。一份报纸到了年底合订起来,又是一部百科全书。

◎福建作家小山安静地写诗、写童话、编散文,出了几本书,质量很高。山东教育出版社出版了她的《露珠小孩》,很适合亲子阅读,也适合小学生自主阅读。

3. "全民阅读"如何才能实现

全民阅读，不但有利于公民素养的提高，有利于青少年成长，而且最重要的是有利于社会和谐，促进精神文明建设。据我个人的看法，推动全民阅读，要解决以下五个问题：

第一，有关部门要禁止广电网络新闻低俗化。现在，影视娱乐化、低俗化现象比较严重。例如一些不顾历史事实的"抗日神剧"就是典型。网络方面，各种色情暴力的信息和图片，一直没有得到很好的治理。只要点击鼠标，就很有可能看到各种不健康的图片和文字。还有一些媒体为了炒作而不顾事实，甚至违背基本新闻道德的报道等等。这些如果不加以抵制，就会对整个社会造成很大的负面影响。

第二，严禁出版社买卖书号，拒绝低俗劣质图书漫天飞。现在全国有500多家出版社，虽然有不少出版社在精心地出版好书，但也不乏相当一部分出版社靠卖书号过日子。与书商合作出书，打擦边球也成了正常出版行为。如果书号买卖不加以控制，出版管理不到位，那些低俗的书籍文化就会大肆盛行。

第三，图书馆在选购图书时要仔细甄别，精中选精。2013年，湖北

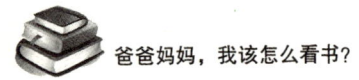 爸爸妈妈，我该怎么看书？

某出版商销售劣质《新华字典》一事，影响极其恶劣，它反映了图书馆在配书方面存在很大的问题。这背后，就是出版商和教育有关部门存在利益链条，也反映了部分出版监管不到位。图书馆是全民阅读的最主要的场所之一，如果图书馆里劣质书多，而好书又进不了公众的视野，那么全民阅读也是一句空话。

第四，给每一所中小学和幼儿园配备足够的好书。近几年，我应邀到各地中小学校做了几百场关于阅读和写作的讲座，发现很多农村地区，甚至是城市里的中小学，都没有真正意义上的图书馆或图书室。很多学校里连教室里的图书角，都没有一两本适合孩子阅读的好书。学校没有像样的图书馆，学校阅读文化建设和书香校园的打造就无从谈起。

第五，大力推动社区阅读。要抓好全民阅读，一定要推动社区阅读，让社区里有图书馆，有图书室，有好书在流动。每一个人都要回家，社区生活是家庭生活的延伸。社区如果没有好的阅读文化，那么，全民阅读也缺失了一个重要的推广途径。

我在很多场合都呼吁：书香社会的建设是一个系统工程，政府要重视，要加以管理、引导。如果从很多具体方面着手，一步一步把阅读推广做好，培养公民阅读意识，让每一个村庄、每一个社区、每一所学校、每一个家庭都充满书香，那么，"全民阅读"就不会是一个口号了。

儿童阅读微论

◎有的学校用这两种方式倡导阅读：一是每天早上让学生统一站在操场上读书；二是每天中午让学生大声诵读。其实，这两种读书都不是真正的读书，而是教育的畸形表演。文字，尤其是美好的、有感情、有思想的文字，都是作者在心灵安静时写出来的。读书需要安静的环境、安静的姿态和安静的心灵，一起大喊大叫，心灵怎么能与安静的文字碰撞？文字里的美与思想怎么能在集体表演中品味出来？如果让学生读书，就要让学校变得安静、优雅。

儿童阅读推荐

◎谢毓洁翻译的科幻小说《二十一只气球》，曾获纽伯瑞儿童图书奖，值得小学生阅读。

◎赵长发的《蓝色梦想系列》图书，是一套海洋题材的长篇童话，值得小学生阅读。

4. 幼儿园教师读什么书

幼儿园教师读什么书？这是一个很值得探讨的问题。

幼儿园是孩子离开家庭走进的第一个集体生活的空间，也是社会化的第一步。中国有句俗话："三岁看大，七岁看老。"幼儿阶段的发展，对一个人的一生是非常重要的。过去没有幼儿园教育的时候，主要靠家庭来给幼儿启蒙。有了幼儿园后，幼儿教育就不只是靠家庭，还要靠幼儿教师，要靠幼儿园和社会环境。幼儿园的教育，主要在于培养孩子的社会参与意识、集体意识、良好的生活习惯，以及一定的语言能力、艺术感知能力和行动力。蒙台梭利的幼儿教育理念，主要强调孩子的动手能力、实践能力和合作能力。

当好幼儿园教师，需要多方面的素质。现在，绝大部分幼儿园教师是毕业于幼儿师范学校的，也有少部分毕业于师范大学学前教育专业。在大城市的优质幼儿园里，甚至有一些幼儿教育专业的硕士和博士。但无论怎样，幼儿教师要不断学习，即使有了比较高的学历，也要不断更新知识，掌握更多的幼儿教育理念。

我不是专门研究幼儿教育的，按说没有什么资格来对幼儿教师说三道

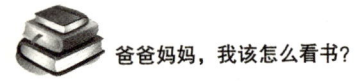 爸爸妈妈，我该怎么看书？

四，但我多少做了些相关研究，觉得幼儿园教师应该多读以下三个方面的书，以不断增强自己的专业素养。

第一，幼儿教育和儿童教育理论书。现在，幼儿教育和儿童教育的理论书比较多，这里我推荐三本书：一是蒙台梭利的**《童年的秘密》**，这本书好像每个人都听说过，但实际上很少有人认真读或读懂它。这是一部关于儿童哲学的书，它以哲理与诗一样的语言告诉读者，童心世界的特殊性，儿童世界很迷人，表达了作者对童心的敬畏。它是一部能够让人真正理解孩子的书。第二部是范梅南的**《儿童的秘密》**，这是一部心理学的著作，读了会让人很受启发，会让人真正理解儿童，理解儿童的心理，它与《童年的秘密》可以说是学习儿童教育学的必读书。第三部是阿瓦涅索娃的**《学龄前儿童教育》**，这本书是写给家长的，它以很多生动的例子论述了学龄前孩子的心理规律，让家长科学育儿，但也是一部幼儿教育的好教材。

第二，儿童文学及相关学科的理论书。从事幼儿教育一定要读儿童文学作品，同时也要读儿童文学理论、儿童游戏及儿童玩具类的理论研究著作。日本和欧美国家的幼儿教育中，有一个重要的内容就是亲子阅读和幼儿阅读。这些国家的幼儿教师和小学教师学习的一个重要课程就是儿童文学。理解儿童文学，学习一些基本的专业知识，就能掌握儿童图书、幼儿图书的选择和阅读的方法，就能做好幼儿阅读，并善于运用幼儿图书来教育幼儿，来给他们进行语言启蒙和审美熏陶。国内的幼儿师范教育也开设了幼儿文学课程，但内容往往比较简单，而且不是核心课程。很多幼儿师范生毕业后，很难把所学的幼儿文学知识转化到教育实践中，因此，工作后，继续学习是非常必要的。我的《儿童文学概论》可以在一定程度上解决幼儿教师的儿童文学理论问题。除了幼儿文学类的理论书，还要读一读儿童阅读理论的书籍，比如崔利斯的《朗读手册》就是一本儿童阅读方面很有指导意义的好书。还有钱伯斯的《打造儿童阅读环境》，也是一本很好的阅读理论书。

第三，绘本及相关理论书籍。绘本也称图画书，是文字与图画相结合的童书。在欧美国家，绘本是以幼儿为阅读主体的童书，因此印刷很精美，也被大量运用于家庭亲子阅读和幼儿园教育中。国内引进的欧美和日本的《猜猜我有多爱你》《母鸡萝丝去散步》《我的爸爸是焦尼》《活了一百万次的猫》《不一样的卡梅拉》和《鼹鼠的故事》等经典绘本，也被很多家庭广泛接受。不少幼儿园也利用绘本开展阅读教学，让幼儿通过阅读绘本，学会审美，增强语言能力。但很多幼儿教师并不太懂得绘本知识，只是简单地进行绘本阅读，缺乏一些理论支撑。因此，幼儿教师在读绘本的同时，还要读读相关的理论书籍。如彭懿的《图画书：经典与阅读》就是一本介绍经典绘本的好书，里面也有一些理论阐述和阅读方法；松居直的《绘本之力》和《幸福的种子》也是两本不错的绘本理论书，语言简单，容易理解。

幼儿教育责任重大，幼儿教师的工作的重要性不可小视。现在很多家庭只有一个孩子，家长把孩子送进幼儿园时，对幼儿教师有着很高的期望。因此，要让孩子健康成长，让家长满意，幼儿教师就需要不断加强学习，不断充实自己。

当然，这些给幼儿园老师推荐的书，也适合家长。

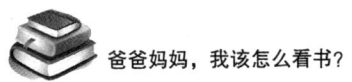 爸爸妈妈,我该怎么看书?

儿童阅读微论

◎好的童书通常有这些特点:一,文字规范,让读者可以品味语言之美。二,有爱有温情,可以让读者心灵舒适、安静或激动,即有正向的情感驱动力。三,有正确的价值观。

5. 语文教师如何提高儿童文学素养

现在的语文教师在具体的教学中，普遍面临一个困惑，就是不知道如何讲解儿童文学作品。一些语文教师无论是面对童谣，还是童诗，抑或是儿童散文和童话，所采用的教学方法都与讲授古诗词、名人故事和英雄故事的方法一样，都是抓字词学习，抓段落大意和中心思想的提炼，即都是抓课文主题的教学。因此，主题教学变成一个常规模式，而对课文的文体之美并不在意，或者说，可能有不少教师，并不知道如何区别不同文体的教学方式。

小学语文课文里，很多都是适合儿童阅读和学习的儿童文学作品，如人教版低年级课文里，就有很多适合儿童朗诵的童谣（儿歌）和童诗，而且在中低年级的课文里，还有不少童话（幻想故事）。对这些课文的学习，有些语文教师觉得简短的童谣、童诗字词少，归纳主题内涵很容易，孩子们理解得也比较快，所以没法讲。还有的语文教师在公开课上喜欢讲主题鲜明的名人故事和英雄故事，却不敢讲诗歌和童话。为什么会这样？主要原因是一些语文教师缺乏儿童文学素养，对童谣、童诗、儿童散文、童话、寓言和儿童故事等文体不熟悉、不重视，不能分析它们之间的不同，不能找到不同文体的不同语言特点和美感。比如说，我到一所小学去听课，授课老师讲叶圣陶的小诗《小小的船》："弯弯的月儿，小小的船，小小的船儿两头尖，我在小小的船里坐，只看见闪闪的星星，蓝蓝的天。"授课老师认为这首诗描绘了夜晚星空的美丽，表达了作者对宇宙星空的向往。而且认为，这首诗的中心意象是月亮。其实，这首诗的中心意象是"我"——一个天真烂漫、顽皮可爱的孩子，且是一个淘气的男孩。正是因为诗里有一个可爱的顽皮的男孩，诗才有童心的真实流露，才有活泼的儿童，才有亲和力，才有儿童诗的美。如果语文教师把月亮当中心意象，这首儿童诗就被当作绘景抒情诗了。因此，要真正理解这首诗的内涵和特点，就需要语文教师理解儿童诗，懂得儿童文学，不然，就容易犯上面的意象判断的错误。语文教师只有把它理解成一首童诗，找到真正的中心意象，并把童诗之美之趣解读出来，才能吸引孩子，使课堂活泼。还有一次，我去听一堂公开课，授课老师对我说，童话很不好讲，他也不敢讲，他说学生很喜欢童话，但自己就是不知道怎么讲才能吸引孩子。其实，对于童话课文，老师应该抓住童话的幻想之美，让学生充分感受童话的趣味，让学生学会讲幻想故事。这样才能通过课文激发学生的写作热情。

这些问题的出现，正说明语文教师很有必要提高儿童文学的素养、学习儿童文学的知识、了解儿童文学各种文体作品之美。

那么，从哪几个方面提高语文教师的儿童文学素养呢？我觉得，第一，教师要读一些儿童文学理论书籍。不少师范大学因为各种原因没有开设儿童文学课程，有的师范大学即便开了儿童文学课，也只是选修课，大家不重视，而且教材比较陈旧。为此，我专心写了一本《儿童文学概论》。

这本书全新定义儿童文学，也有专章对儿童文学与语文教学的关联进行阐述，还有对世界儿童文学的论述等等。这部教材既注重了理论探索，又考虑了语文教师的实际需要，既能丰富读者的理论知识，也能指导读者进行儿童文学阅读、写作与教学。第二，语文教师应该尝试进行儿童文学的写作，从实践中培养自己的写作能力。不但语文教师要多写写童谣，写写童诗，写写童话，而且要鼓励学生写童诗，写幻想故事，如此便很容易把学生领进文学之门，找到语文学习的乐趣。我在福建福清实验小学做语文教育和儿童阅读指导时，鼓励该校几位语文教师和学生一起写童谣、童诗、童话、日记、读后感，学生写什么，他们也写什么，教师和学生一起尝试各种儿童文学作品的写作，这样效果很好。第三，语文教师要学习一些儿童文学作品的欣赏与评论的知识，掌握一些评点儿童文学作品的技巧。广州开放区二小和罗峰小学的语文教师研读《小王子》《青鸟》等经典童话，做研讨点评，把童话研究所得用于提升语文教学技能，尤为注重探索微童话、童诗的读写教学，这让语文课内阅读与课外阅读有机结合起来，取得了良好效果。

虽然传统的语文教学模式在今天依然能取得一定的成果，但毕竟时代变了，家长和学生对语文教师的期待值也高了，因此教材教法也要变，教师的素养当然要变高。在儿童文学阅读越来越受到广大家庭的重视的情况下，学校也要重视儿童文学的阅读，语文教师更要提高儿童文学素养，否则，语文教师既难以讲好课，也难以引领好学生课外阅读。

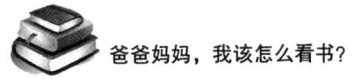 爸爸妈妈，我该怎么看书？

儿童阅读微论

◎我到一些小学给孩子们讲童诗阅读和写作，总结了几点经验：第一，要选孩子们喜欢的好诗，至少要比语文课本里的诗要美，要有趣。不然的话，孩子们不会喜欢。第二，给孩子们讲诗，要多让孩子们自己谈看法，启发他们更好地理解诗的语言特点，找到诗里有趣、优美的修辞或者表达方式。第三，在讲诗的过程中，启发孩子们联想、想象，让孩子自由表达，自由展开，帮助他们树立自信心、激发创造力。第四，讲诗读诗时，不要评对与错，而要让孩子表达自己的看法，鼓励不同的看法和想象。

6. 阅读课该怎样上

我在报纸和网络上看到了一位语文教师提出的"课堂海量阅读",他还就此做了公开课,受到了很多语文教师的追捧。我不主张课堂上搞海量阅读,理由有三个:

第一,一堂课只有40分钟,时间是有限的,能让学生沉下心来读书,认真品读一两首短诗,或者认真读一篇千字文,并能在课堂上与同学做一些分享,就很不错了。第二,贪多嚼不烂,我曾听过一次主题阅读公开课,一位语文教师把鲁迅的相关文章罗列了三五篇,每篇达1000多字,还有一篇甚至到了5000多字,还搜集了很多关于鲁迅的其他研究资料和图片,在课堂上用PPT展示。想一想,这老师再厉害,再怎么讲,也不可能讲透、讲精。这样的课堂,老师只是熟练的表演者,他能把课堂表演得非常有吸引力,但学生呢,真的学不到什么,这只能是一堂信息堆砌、一知半解、无法互动的课堂。第三,真正的阅读是要用心去理解的。要理解,就要安静读,而且要慢慢读。

在听这样的海量阅读公开课时,我在想:如果让我来模仿这位语文老师给她上一堂海量阅读课,她能理解多少呢?或者说,她是不是会云里雾

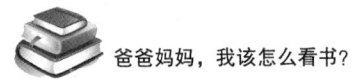
爸爸妈妈,我该怎么看书?

里、一知半解呢?

我觉得,无论是语文课还是阅读课,老师都要善于倾听学生、信任学生,都要承认学生的理解力、想象力和创造力一旦被激活,课堂效果有可能比老师教要好得多。因此,语文教师不但要在语文课上信任学生,还要在阅读课上给学生表现的机会。

那么,语文课和阅读课该怎么上才能提高学生的阅读能力?尤其是阅读课应该怎样上呢?我觉得要注意以下几个方面:

第一,要找准阅读课的定位与目标。阅读课不是为了考试,而是为了激发与提高学生的阅读兴趣,并培养学生的审美能力,张扬学生的想象力,从而培养学生的创造性思维能力和文字的创造力。因此,阅读课的立足点,不是找好词好句,不是寻章摘句,不是归纳段落大意、中心思想,也不是从阅读材料里找老师想要的主题思想和考题答案。从某种程度上说,阅读课是语文课的补充和延伸,如果说语文课是开一扇语言之窗,那么,阅读课就是带着学生走进草地、花园,或者到一个原野中去,到一片森林里去。阅读课是给学生一个更加自由的语言文字的空间,让学生在那里找到诗情画意,找到美,找到有趣的故事,找到形象的对应,找到他们喜爱的审美世界,满足他们对文字世界的好奇心。

第二,要选好阅读材料。对学生来说,尤其是对中小学生来说,上好阅读课最重要的因素是有经典的文学作品。现在,有不少语文教师喜欢在杂志上选短文,选一些"心灵鸡汤"之类的文章给学生读,包括在课堂上和考试时也常选一些短小的"心灵鸡汤"。这种选法,一是出于心灵鸡汤类文章好理解的考虑,语文教师自己也容易接受和理解;另一个原因是这些短文主题很鲜明，也有一定的教育意义，还能给人一点启发。语文教师认为这类短文也经常出现在中考、高考的模拟试题中的阅读理解里，所以认为学生多读一些，会提高阅读理解能力。事实上，要真正提高阅读理解能力，需要读整本书。语文教师要在每个学期先列出一个精选的书单，让学生在课余时间阅读，并在课堂上分享阅读的快乐和收获。

第三，要有好的方法。传统的语文课，一般都以老师讲解为主，学生偶尔接受老师的提问，然后按照老师的思路来回答问题。在这种情况下，学生是被动思考、被动学习、被动接受。很多语文教师上阅读课，也把这种传统的教法搬了过来，让学生回答各种问题，让学生抓阅读材料里的主题思想和教育意义。这无疑把阅读课又变成了传统的语文课，甚至是传统的思想政治课，无形中增加了学生语文学习的负担。时间长了，学生是不会喜欢，甚至会厌倦的。阅读课的正确上法，应该是以学生为中心，充分发挥学生的自主学习能力，以阅读分享为主，让学生自由表达见解、交流思想、品味美感，以提高他们的文学鉴赏力和文本解读能力。因此，最好的阅读课上法，就是"互动分享"，而不是"老师讲、学生听"的模式。"互动分享"意味着老师在课堂上只是参与者，意味着老师和学生平等对话，并在适当的情况下启发学生。"互动分享"也包括学生写读书小论文，开读书经验交流会，举办读书报告会，让学生与学生之间充分地互动交流。

第四，要有好的课型。现在流行的阅读课，要么是主题阅读课，要么是群文阅读课。其实，这两种阅读课是一回事。主题阅读课是把相同主题的文章放在一起来读，群文阅读课也是把相关的文章放在一起来读，且老师都是抓主题，抓内涵，提炼几个问题，然后让学生来找问题的答案。这种阅读课与传统的语文课没有本质区别。因为传统的语文课也是以主题提炼为核心的，而且语文课一个单元就是一个主题，所以学了一个单元，也就等于实现了一次群文阅读。不过，群文阅读课是在一节课上，而传统的语文课一个单元要学一周或两周。阅读课不是语文课，是分享阅读成果与收获。在分享阅读课之外，还可以穿插一些故事课（让学生讲故事，讲他们自己创编的，或者是改编的）、诗文朗诵课（精选一些名家名篇，进行朗诵）、名著导读课（对大家不熟悉的名著，进行介绍和阅读指导）、戏剧表演课（鼓励学生将所读的作品编成短剧，进行表演）、读写结合课（读小诗、小美文时，可以让他们模仿写作）等等。

总之，阅读课不能上成语文课，更不要按传统的语文课型来操作，所谓的"主题阅读课""群文阅读课""海量阅读课"都不是阅读课的好课型。阅读课不是为了抓住某一个思想和主题，而恰恰是鼓励学生有不同的思考。阅读课是为了提高学生阅读兴趣、拓宽学生的视野、培养学生的阅读理解力的，不是为了考试的。如果还用"应试思维"来束缚阅读课，那阅读课就会无趣，就会僵死。

[第五辑]

一份精选的儿童阅读书单

第五辑 一份精选的儿童阅读书单

1. 50本适合爸爸妈妈孩子一起读的书

前段时间，我推荐了一个阅读书单，放在自己的博客上，被新浪推为头条博客，几天之内转载阅读量超过300万，有200多家网站和博客转发。可见，寒假阅读，尤其是家庭阅读是很令人关注的，大家都很重视。在这里，我认真挑选了50本自己阅读过，也很认可的书单，供大家参考。此书单，并非必读，纯属我的个人推荐，也包括我自己专心为孩子们写的或译的几本书。

一、10本家庭教育图书

1. 《最美的教育最简单》，尹建莉著；
2. 《怎样给孩子讲故事》，小雨姐姐著；
3. 《我从哪里来：妈妈最需要的亲子问答书》，张振华著；
4. 《培养儿童自控力》，付小平著；
5. 《别把老爸当家长：写给女儿的46封情书》，李鲆著；
6. 《和孩子一起读书的幸福》，欧群慧、赵子欧著；
7. 《做智慧父亲：儿童智商情商培养家教随笔》，谭旭东著；

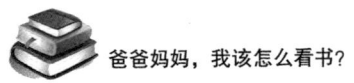 爸爸妈妈，我该怎么看书？

8.《好孩子的成功99%靠妈妈》，[韩]张炳惠著，宁莉译；

9.《他为什么离我而去：40招帮孩子应对亲人离世》，[美]埃里卡·吕温伯格、埃伦·高德灵著，石洛祥、朱小雨译。

10.《与儿子一起成长：妈妈当好培训师》，孙翠珍著；

二、10本（套）原创儿童文学图书

1.《美丽心灵》，于立极著；

2.《小水的除夕》，祁智著；

3.《狐狸的微笑》，胡冬林著；

4.《风居住的街道》，于潇湉著；

5.《神脚镇的故事》，张柠著；

6.《同桌冤家走天下》（系列），伍美珍著；

7.《庞婕蕾风信子悦读坊》（系列），庞婕蕾著；

8.《学会管自己：歪歪兔独立成长童话》（10册），陈梦敏著；

9.《谭旭东乐享慢读系列》（4册），谭旭东著；

10.《动物魔法日记》（6册），秦爱梅著。

三、10本少年作家作品

1.《四五六七日的雪》，高璨著；

2.《初三七班》，朱夏妮著；

3.《像风儿般微笑》，卢梓仪著；

4.《玄冰之心》，陈曦著；

5.《我们的青春长着风的模样》,潘云贵著;

6.《青春在疼痛中成长》,孟祥宁著;

7.《收割一群狼》,慈琪著;

8.《爱比时间都苍老》,王璐琪著;

9.《雨晴烟晚:王雪莹诗歌集》,王雪莹著;

10.《生于1998:爱是青春最好的礼物》,小妖著。

四、10本绘本

1.《我妈妈》,〔英〕安东倪·布朗文、绘;

2.《小熊的大套衫》,〔英〕戴维·巴德福特文,卡洛琳·佩德拉绘;

3.《房子,再见》,〔美〕法兰克·艾许文、绘;

4.《母鸡潘妮》,〔英〕维维安·弗兰奇文,索菲亚·温德海曼绘;

5.《一百只蜗牛去旅行》,野军文,何艳荣绘;

6.《世界别为我担心》,几米文、绘;

7.《爸爸的爸爸的故事》,王若文文,于鹤忱绘;

8.《拥抱》,几米文、绘;

9.《夏天的水果梦》,谭旭东文,画儿晴天绘;

10.《花瓣狗》,保冬妮文,唐云辉绘。

五、10本引进的儿童文学图书

1.《二十一只气球》,〔美〕威廉·杜·鲍里斯著;

2.《菲格家的幻影》,〔美〕艾伦·拉斯金著;

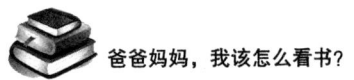
爸爸妈妈，我该怎么看书？

3. 《集体大逃亡》，[加] 迈克尔·韦德、劳拉·韦德著；

4. 《跃向远方之蓝》，[美] 凯瑟琳·拉丝基著；

5. 《两条腿》，[丹麦] 卡尔·爱华尔德著；

6. 《爱心企鹅》，[德] 克里斯蒂安·贝尔格著；

7. 《哈佛日记》，[美] 劳伦·坤泽、里娜·奥努尔著；

8. 《哭泣的耶路撒冷》，[意] 加布列拉·安布罗西奥著；

9. 《哈妮的夏日舞会》，[英] 尼斯·诺顿著；

10. 《利普尔的梦》，[德] 保罗·马尔著。

2. 1~6年级学生整本书阅读书单

一年级书单:

1. 《大个子老鼠小个子猫》(童话),周锐著;

2. 《小猪唏哩呼噜》(童话),孙幼军著;

3. 《会飞的雪花明信片》(微童话),谭旭东主编;

4. 《书本里的蚂蚁》(图画书),王一梅著;

5. 《眼睛书》(桥梁书),金波著;

6. 《猜猜我有多爱你》(图画书),〔爱尔兰〕麦克布雷尼著;

7. 《小纸船看海》(图画书),林良著;

8. 《青青草青青梦》(散文诗),党兴昶著;

9. 《毛毛虫写日记》(童诗),亦兔著;

10. 《夏天的水果梦》(童诗集),谭旭东著。

二年级书单:

1. 《月光下的肚肚狼》(童话),冰波著;

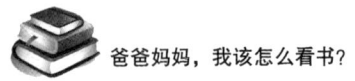
爸爸妈妈，我该怎么看书？

2.《谭旭东微童话》（童话），谭旭东著；

3.《我不是完美小孩》（绘本），几米著；

4.《蓝铃铛森林动物故事：伊芙的秘密小屋》（童话），［英］尼斯·诺顿著；

5.《猫树》（童话），陈梦敏著；

6.《我不是笨小熊》（童话），张菱儿著；

7.《一年级的小豌豆》（故事），商晓娜著；

8.《蘑菇们的旅行》（散文），郭风著；

9.《樱花信》（散文），吴然著；

10.《花瓣狗》（图画书），保冬妮著。

三年级书单：

1.《夏洛的网》（童话），［美］怀特著；

2.《小巴掌童话》（童话），张秋生著；

3.《小熊的星河湾》（童话），谭旭东著；

4.《小公主》（小说），［美］弗朗西斯.H·伯内特著；

5.《森林报》（科普），［苏］比安基著；

6.《长满童话的舞台》（童话剧），皮朝晖著；

7.《巴澎的城堡》（小说），王勇英著；

8.《缺点国历险记》（童话），皮朝晖著；

9.《给我的孩子们》（散文），丰子恺著；

10.《儿童诗精选》（童诗集），谭旭东主编。

四年级书单：

1. 《幽默童诗100首》（童诗），蒲华清著；

2. 《蓝鲸的眼睛》（童话），冰波著；

3. 《我要做个好孩子》（小说），黄蓓佳著；

4. 《螳螂一号》（科幻），张之路著；

5. 《一个石雕小姑娘》（童话），金波著；

6. 《窗边的小豆豆》（小说），黑柳彻子著；

7. 《王尔德童话》（童话），［英］奥斯卡·王尔德著；

8. 《生命流泪的样子》（小说），伍美珍著；

9. 《爱耍嘴皮子的黑熊》（童话），谭旭东著；

10. 《小小孩的春天》（散文），孙卫卫著。

五年级书单：

1. 《奔跑的女孩》（小说），彭学军著；

2. 《一个人的童年》（小说），曾维惠著；

3. 《蚂蚁唱歌》（小说），老臣著；

4. 《我会好好爱你》（小说），徐玲著；

5. 《夏日的邀请》（小说），庞婕蕾著；

6. 《爱的教育》（小说），［意］阿米琪斯著；

7. 《吹牛大王历险记》（童话），［德］拉斯伯，毕尔格著；

8. 《海蒂》（小说），［瑞士］约翰娜，施皮里著；

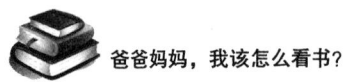爸爸妈妈，我该怎么看书？

9.《有书的日子真好》（散文），谭旭东著；

10.《风的舞鞋》（童诗），侯泽俊著。

六年级书单：

1.《我来自孤独星球》（小说），伍美珍著；

2.《草房子》（小说），曹文轩著；

3.《狼蝙蝠》（童话），冰波著；

4.《童话之书》（童话），陈诗哥著；

5.《谁在草垛上唱歌》（童话），常星儿著；

6.《小王子》（童话），［英］奥斯卡·王尔德著；

7.《时代广场的蟋蟀》（童话），［美］威廉姆斯绘，［美］塞尔登著；

8.《莫莉的假期》（小说），庞婕蕾著；

9.《美丽的西沙群岛》（散文），刘先平著；

10.《叶子是树的羽毛》（童诗），张晓楠著。

3. 20种适合小学中低年级学生的图书

1. 《一个孩子的诗园》，[英]罗伯特·斯蒂文森著；

2. 《繁星·春水》，冰心著；

3. 《风的舞鞋》，侯泽俊著；

4. 《夏天的水果梦》，谭旭东著；

5. 《甜趣新童谣》，李秀英著；

6. 《传统童谣精选》，金波选编；

7. 《松坊溪的冬天》，郭风著；

8. 《幼儿朗诵诗》，尹世霖主编；

9. 《我爱阅读·桥梁书》，金波主编；

10. 《世界经典桥梁书》系列；

11. 《信谊图画书精选》系列；

12. 《男孩儿与熊》绘本系列，[澳]罗杰斯著

13. 《谭旭东微童话》，谭旭东著；

14. 《中国微童话》，谭旭东编；

15. 《棒小孩日记》系列，魏晓曦著；

16.《这就是二十四节气》,高春香,邵敏著;

17.《赵清瑶的作文故事》,朱煜著;

18.《豆豆老师有魔法》,窦晶著;

19.《走进海洋》系列,赵长发著;

20.《李毓佩数学故事集》,李毓佩著。

4. 给父母开的文学书单

给孩子读书，引导孩子读书，父母也应该读读书。这些书一般在网上书店都可以找到。有些作家的作品，可以在公共图书借阅。

散文

1. 《东山魁夷散文》，[日] 东山魁夷著；
2. 《林中的水滴》，[俄] 普里什文著；
3. 《猎人笔记》，[俄] 屠格涅夫著；
4. 《飞鸟集》和《新月集》，[印] 泰戈尔著；
5. 《纪伯伦散文诗》，[黎] 纪伯伦著；
6. 《瓦尔登湖》，[美] 梭罗著；
7. 《朝花夕拾》，鲁迅著；
8. 《竹叶上的珍珠》，郭风著；
9. 《丰子恺散文》，丰子恺著；
10. 《文化苦旅》，余秋雨著；
11. 《目送》，龙应台著；

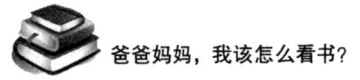 爸爸妈妈，我该怎么看书？

12. 《赵卷卷心灵美文》，赵卷卷著。

诗歌

1. 《布莱克诗选》，[英] 布莱克著；

2. 《叶芝诗选》，[英] 叶芝著；

3. 《一个孩子的诗园》，[英] 史蒂文森著；

4. 《普希金诗选》，[俄] 普希金著；

5. 《叶赛宁诗歌精选》，[苏] 叶赛宁著；

6. 《草叶集》，[美] 惠特曼著；

7. 《艾青诗选》，艾青著；

8. 《顾城诗集》，顾城著；

9. 《海子的诗》，海子著；

10. 《21世纪校园抒情诗》，王宜振著；

11. 《给孩子的诗》，北岛编著；

12. 《儿童诗精选》，谭旭东编。

小说

1. 《热爱生命》，[美] 杰克·伦敦著；

2. 《少年维特之烦恼》，[德] 歌德著；

3. 《安妮日记》，[德] 弗兰克著；

4. 《简·爱》，[英] 夏洛蒂·勃朗特著；

5. 《基度山伯爵》，[法] 大仲马著；

6. 《战争与和平》,［俄］列夫·托尔斯泰著;

7. 《窗边的小豆豆》,［日］黑柳彻子著;

8. 《呼兰河传》,萧红著;

9. 《透明的红萝卜》,莫言著;

10. 《爱的权利》,张抗抗著;

11. 《蛙》,莫言著;

12. 《月牙儿》,老舍著。

[第六辑]

对话：浅谈儿童阅读

1. 儿童阅读要吃"营养均衡"的"套餐"

——答《南方教育时报》韩宝问

韩宝：孩子缺乏课外阅读的兴趣，不喜欢甚至排斥课外阅读，课外阅读习惯难以养成，要靠家长"逼迫"才能进行下去。面对这种困境，您有什么好的建议？

谭旭东：其实，出现这种情况，一般是家庭环境造成的。就是在孩子还小的时候，家长不重视亲子阅读，而且家里没有什么好书，没有让孩子品尝到阅读的快乐。有些家长，发现孩子不爱读书了才开始着急，这时候，即使逼迫孩子读课外书，孩子也不愿意读。因此，建议家长早一点开始亲子阅读，给孩子多买好书，多给孩子读书，让孩子早一点养成读书的习惯，让孩子早一点品尝到读好书的乐趣。

韩宝：孩子在课外阅读上"偏食"怎么办？比如，一些小女孩总是喜欢"公主类"的书，而绝大多数科技类的书籍不受孩子们待见等。

谭旭东：首先我要说的是，课外阅读"偏食"比不爱读书好。不过，女孩子"偏食"那些"公主类"的童书是正常的，每个女孩子都希望自

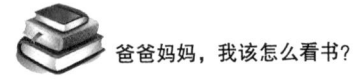

己是公主,都有"公主梦",也都希望自己能过上公主一样的生活,因此,爱读"公主类"的童书也是女孩子的天性。不少家长有一个错误观点,那就是"读书就必须学知识"。因此他们特别期待孩子读科普读物,希望孩子多学知识。现在社会上一些阅读推广过分侧重于某一类图书,比如说,过分夸大绘本的作用,这是不科学的。其实,只要是好的童书,都适合孩子,都可以推荐。因此,建议家长给孩子买书,要以优质的儿童文学类童书为主,同时兼顾其他的好书,让孩子的阅读就像吃"营养套餐"一样,达到营养均衡。

韩宝: 在课外阅读中,怎样帮孩子挑"好书"?当家长挑选的书和孩子挑选的书发生冲突的时候,该怎么办?应如何处理这种"矛盾"?

谭旭东: 如果家长挑的书孩子都不爱看,那说明家长不会挑书,或者家长没有真正进行有效的亲子阅读。不然的话,家长不可能不知道一些基本的阅读常识,也不可能和孩子在买书上有激烈的冲突。不过,有些时候,家长希望孩子多读文字书,但孩子喜欢读一些漫画书,这是可以理解的。家长应该允许孩子买一些有趣的漫画书。当然,漫画不是主流,不能让孩子天天只读漫画书。有些家长动不动就要孩子读经典名著,尤其是背唐诗宋词,这又是"反儿童阅读"的。

韩宝: 大众媒体等经常推出一些亲子阅读"畅销书"以及"排行榜",家长应该如何对待这些"畅销书""排行榜"?

谭旭东: 一般来说,我不赞成家长给孩子买"畅销书"或者"排行榜"上的书。第一,如果哪位家长非常相信"畅销书"和"排行榜",说明他的阅读是缺乏判断的,他的思维是跟着媒体或者别人的宣传走的。第二，如果哪位家长按照"畅销书"和"排行榜"来给孩子买书，就很容易让孩子养成流行阅读的趣味。因为"畅销书"和"排行榜"代表着流行趋势，主要是流行一时的图书，而流行的图书总是会变的。建议家长多关注真正意义上的经典图书。世界儿童文学有几百本经典作品，中国儿童文学里也有一些优质童书，何必要跟着那几本"畅销书"和"排行榜"来阅读呢？

韩宝：儿童阅读存在这样一种现象，从绘本到动漫书，"图"所占的比例越来越大。儿童课外阅读应该是以"读图"为主还是"读文"为主？或是兼而有之？为什么？

谭旭东：阅读当然以读文为主。不读文字书，那不是真正意义上的阅读。建议家长给孩子读书，以读文为主，读图为辅。现在社会上很多人在推广绘本，但要注意绘本不过是童书的一种，并不是童书的全部。如果最初的阅读只是读绘本，那么孩子就可能患上阅读"偏食症"。就像给孩子吃食物，即使再有营养的食品，也不能天天给孩子吃，因为单一的食品无法满足孩子健康成长的需要。除了绘本，家长还应给孩子读其他一些优质的童书，这也是在变相告诉孩子，书的世界是五彩缤纷、丰富多彩的，走进去，就能感受到文字的魅力——文字能够给人一个又一个美好的空间，而且每一本好书，都是一个独特的文字世界。

韩宝：有一个数据统计说，现在孩子们购买最多的课外书，就是优秀作文集。甚至在不少家长、孩子心中已经形成了"优秀作文集就是课外阅读"的错误观念。你怎么评价这种现象？

谭旭东：孩子们大量购买作文集，主要是因为学校里语文老师很重视

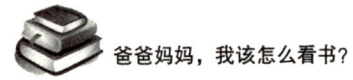爸爸妈妈，我该怎么看书？

作文能力的培养，但他们简单地以为读"优秀作文集"就能提高作文能力。这种观念是不对的。其实，作文能力的提高主要是靠课外阅读，孩子读的书多，且读的又是好书，文字组织能力一定差不了。此外，也不能忽视很多家长的"功利阅读观"。有些家长给孩子买书，不是为了提高孩子的阅读能力，而是为了孩子的考试，为了孩子的分数。当然，在孩子喜爱阅读，也喜欢读好书的情况下，适当地让孩子读一读作文书，也有一些参考作用。

韩宝：有家长反映，不少孩子阅读书籍囫囵吞枣，往往粗略浏览一遍就完事了，很少有做读书笔记的，有时就算做了笔记，也无非是摘几个好句、几个好词等等。课外阅读中，孩子要不要做读书笔记？如果需要，这个读书笔记该怎样来做？

谭旭东：不少语文教师和家长之所以让孩子做读书笔记，是因为他们觉得这样可以提高孩子的作文水平。其实，读书最需要的是动脑筋，体味文字之美妙，进入情境，展开想象和思考。如果读书只是摘摘好词好句，那么书的作用和价值就没有被充分挖掘出来。一般来说，读了好书，进入了书的世界，即使不做笔记，也会收获多多。不过，有时候，读书时做点笔记，也是很好的。比如说，在你有了灵感，受到了启发，而且有了思想的火花，记录下来，是非常必要的。如果你养成了读好书的习惯，而且很爱读书，也有一些空闲时间可以支配，就可以写读后感。

韩宝：小学高年级以上的孩子，可能会对家长阅读的书有兴趣，但这些书未必适合孩子，出现这种情况，该怎么办？

谭旭东：如果孩子对家长爱读的书产生了兴趣，至少说明孩子的阅读能力提高了,能够读懂家长读的书了。不过,家长读的书,有些可能不太适合孩子,这就需要家长有所规避,尽可能地不要让孩子轻易读到他们不太适合读的书。如果家长读的书很好,只是难度大一些,或者内容丰富一些,且不涉及非健康内容,那么,一般都是可以让孩子读的。总而言之,孩子对家长读的书产生了兴趣,家长不要过分惊慌,也不要刻意阻止。

韩宝:阅读属于身体相对静态的一种活动,而且阅读也需要专注,但是现在有不少童书,设计得很花俏,倡导让孩子边看边玩。边看边玩,能真正激发孩子的阅读兴趣吗?会不会更不利于良好阅读习惯的养成?

谭旭东:像那些翻翻书、音乐书和其他的玩具书,从其本质而言就是玩具,而不是图书。在幼儿期的时候,买一些玩具书给孩子玩玩,顺便让孩子对书有一些感性的认识,也让孩子在玩玩具书的时候,享受一下看书的乐趣,这是可以的。但玩具书不是主流读物,就像吃饭,玩具书不能做"主食"。想要促成孩子阅读习惯的养成,就一定要多给孩子读文字书,而且是优质的文字书。

2. 如何选择适合孩子的好书

——答《天津日报》刘颖问

刘颖：您能描述一下目前我国儿童文学的作者队伍吗？

谭旭东：目前来看，我国儿童文学队伍在扩大，老一辈的如葛翠琳、金波、孙幼军和圣野等，都还在坚持写作。年龄在 60 岁左右的作家有一大批，如曹文轩、秦文君、沈石溪、常新港和李维明等，而且他们的产量还比较大，每年都能出版新书。其中，曹文轩和常新港还会偶尔在《儿童文学》杂志上发表短篇。中青年一代，有伍美珍、郁雨君、薛涛、常星儿、汤素兰、王一梅、黄春华、李秋沅、皮朝晖、邓湘子、谢乐军、王勇英、谢鑫、张菱儿、葛竞、舒辉波、墨清清和胡继风等，而且他们的童书总体来说，市场销售状况比较好，很多作品单本都可以发行到 10 万册以上，吸引了大批小读者。

刘颖：市场上的童书质量良莠不齐，怎样避免孩子看不良书籍？

谭旭东：在童书市场上的确有不少低劣的图书。比如说，《十万个为什么》的版本就有很多，但在知识的讲授上和印刷质量上差别很大，而且

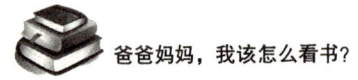 爸爸妈妈，我该怎么看书？

大量的网络游戏故事书和卡通动漫类童书也充斥市场，还有一些童书打着冒险文学的旗号，却散布着惊悚、恐怖和血腥的内容。对这样的劣质童书，我觉得要避免孩子看到，第一需要出版人有良心，讲职业道德，不要出版劣质童书；第二需要童书作家不要唯利是图，不能完全为了市场写作，不能一味追求流行路线，而要讲质量，讲品格，创作纯净的文字，写出优质的童书；第三需要儿童阅读推广人和老师认真辨别童书，不要把劣质童书推荐给孩子；第四需要家长认真读书，学习童书知识，提高文学素养和阅读素养。这样一来，就可以避免劣质童书走进孩子中间。

刘颖：家长和孩子谁主导选书？

谭旭东：亲子阅读的主导者是家长。我觉得在孩子幼儿期，家长一定要自己选书；到了小学阶段，孩子识字能力提高，有自主阅读能力后，家长可以带着孩子一起去书店看书、选书，倾听孩子的一些意见。家长应该多读书，多了解童书，在提高自己的辨别力的基础上，适当地引导孩子学会选择合适的书。

刘颖：应该给孩子看什么样的书？

谭旭东：我觉得孩子在小学低年级时，识字不多，自主阅读能力不强，家长不要一味地要求孩子读长篇童话和儿童小说，可以买一些精美的绘本、小诗、小散文和桥梁书给孩子读。当孩子进入小学中高年级，家长可以逐步地加大孩子的阅读量，购买一些童话、诗歌、散文和儿童小说，包括一些长篇的世界儿童文学经典。

刘颖：投孩子所好，还要有教育意义，儿童文学作家是不是应该懂儿童心理和儿童教育？

谭旭东：大家都在说，儿童文学作家要懂儿童心理和儿童教育，这其实是一个伪命题。因为绝大部分儿童文学作家，要么有教师的经历，要么就是因为喜欢孩子才写作。另外，还有一些儿童文学作家经常走进校园，与孩子打交道，他们对校园生活和孩子的活动、游戏和阅读都比较关注。目前，我国童书出版之所以在往上走，也与这一点有关。不过，现在最大的问题是作家们写得太快了，有的作家一年出版很多书，而且有的作家的童书太追求时尚趣味了，有明显讨好孩子的趋向。

刘颖：影响儿童阅读质量不高的因素有哪些？

谭旭东：影响儿童阅读的因素主要有四个：一是社会环境。现在，流行文化和电子媒介对孩子的阅读影响很大，不少孩子迷恋网络游戏。二是家庭环境。不少家庭里基本上没有书，父母也不给孩子买书，或者不会给孩子选书。三是社区与村落环境。现在城市里很多社区没有绿地，也没有阅读环境，乡村里，更是没有阅读条件。四是学校环境。不少学校不重视阅读，没有图书馆，也没有像样的童书；一些老师也缺乏对阅读的基本认识。希望社会各界齐心协力，一起来抓儿童阅读，给孩子们创造一个良好的阅读环境，让他们尽早体验读书之乐。

3. 儿童文学如何回避"成人元素"

——答大连《城市生活信息报》记者问

问：您认为儿童文学内成人元素的增多是由于儿童越来越早熟造成的，还是儿童文学自身发展的必然趋势？

谭旭东：这不是儿童的问题。因为儿童文学作品是成年人作家创作的，所有关于内涵的问题，都是成年人作家想象出来的。成年人笔下的童年，与今天孩子真实的童年还是有距离和差异的，从某种程度上说，儿童文学是成年人对童年和童心世界的想象和虚构。成年人总是按照自己的价值观、审美观来塑造一个童年，来构筑一个所谓的童心世界，如今成年人的世界也日益复杂，因此，成人元素的增加是很自然的。不过，由于社会文化环境的商业化、娱乐化，现实生活中的儿童的确面临一个早熟的问题，尤其是电视、网络等媒体出现后，成人文化在孩子面前毫无秘密可言，因此，孩子生理和心理提前成熟在所难免。虽然从某种角度来说，这也值得儿童文学去表现，但目前来看，儿童文学创作还缺乏对这一社会问题的深度表现。

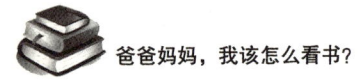 爸爸妈妈，我该怎么看书？

问：这种趋势对于处于心智发展阶段的儿童来说是否有些沉重？会不会造成负面影响？

谭旭东：儿童文学过度成人化会使儿童文学失去其纯净的质地。儿童文学的主要表现空间，应该是儿童生活、儿童的内心、儿童对世界对未来的看法和见解，因此，把成年人的思维放到儿童文学里，就不符合儿童心理成长规律，也难以被儿童接受。儿童的世界是单纯的、透明的、清洁的，我们给予孩子的，应该是最美好的、最善良的、最能够唤醒儿童想象力和创造力的东西。即使像《雾都孤儿》这样的苦难文学，也是给孩子希望的。

问：许多儿童文学作家都说过自己的作品是"写给成人的"，您认为这种创作理念对儿童文学的发展会有什么样的影响？

谭旭东：据我所知，一般儿童文学作家都会说，自己的作品是专门为孩子写的，有些作家还标榜自己是精心为孩子创作的作家。不过，在文学史上，的确有的作品，作家在写的时候完全不是为孩子，可能只是为自己，但写出来之后，却受到孩子们的喜爱。比如说，林海音的《城南旧事》，作家讲述的是自己童年的经历，呈现的是苦难年代的童年，完全是写自己的，但写出来之后，拍成了电影，也受到小读者的喜爱。但单纯地为成年人写作，是不可能成为儿童文学创作的主流的。大部分儿童文学作品都是作家特意为孩子写的，这些作品构成了儿童文学的主体。

问：您认为儿童文学怎样才能更好地处理真实社会一些阴暗面和作品之间的关系？是否需要一味回避？

谭旭东：儿童文学是什么都可以表现的，并没有题材的限制。成年人的生活就是孩子将来的生活，也是孩子现在面对的生活。当然，儿童生活有其自身的特点，但与真实的社会生活不是完全分隔的。有些人认为，儿童文学不适合表现社会阴暗面，不适合塑造成年人形象，不适合展现真实的社会。我觉得，儿童文学也应该适当地表现这些内涵和主题，只是要讲究一个技巧，注意一些语言，把真实的世界和社会的阴暗面展现得得体一些，反而有助于孩子成长。我觉得解决问题的关键是，作家在描写社会之阴暗面时，不要忘了作品要对孩子有引导性和精神提升性，尤其是写黑暗时，要给孩子信心和希望。

问：您认为我国的儿童文学作品需要提高的地方在哪里？

谭旭东：我对中国儿童文学界很熟悉。我觉得儿童文学作品总体上还是可以的，不过，作家队伍素质还有些问题。有些作家人格不高，品质不高，艺术水准也不高，他们只是不能写纯文学，才去写儿童文学。其实，优秀的儿童文学作家，应该是能够把所有文学作品都写好的。看看我们的作家的知识和生活背景就会发现，有些人的知识很单薄，人格修养不够，而且写作很单一，作品内涵单薄。现在相当一部分作家在跟风写作，写一些流行的、搞笑的、能很快挣钱的作品，却缺乏耐心和毅力去悉心打磨作品。应该说，儿童文学创作和出版是商业化程度最高、市侩气息最浓的一块，在这里，我呼吁广大儿童文学作家要提高素质，努力写作，多写质量高、内涵丰富的作品。

4. 儿童文学要以质取胜

——答《山东女报》李佳蔚问

李佳蔚：近十年来，儿童文学出版经历了一个什么样的变化过程？

谭旭东：近十年来，儿童图书出版发生了很大的变化。首先是量的快速增加，图书品种越来越多，而且除了专业少儿出版社在出儿童图书，其他的出版社也大部分进军童书市场。目前来看，儿童图书出版升温很快。其次，儿童图书在内容上出现多元化趋势，在质量上呈现出良莠不齐的局势。很多儿童图书炒得很火，商业化阅读推广势力很大，但质量却有待提高。第三，儿童图书市场越来越走流行化、通俗化的路线，这是令人担忧的。

李佳蔚：如今中国的儿童作家群是什么状况？与国外相比，有哪些优势或者差距？

谭旭东：现在儿童文学作家队伍越来越大，年轻一代的作家也越来越多。据初步统计，比较集中地为孩子写作的作家，或者说，比较活跃的儿童文学作家，有一二百人了。但我们的作家队伍也呈现不平衡状态，在北京、上海和东南沿海经济比较发达的省市，儿童文学作家人数相对多一

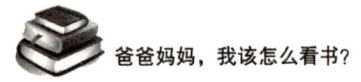

些，但在西北、西南和华北地区，专心为孩子写作的作家就少一些。这说明经济条件和文化环境是儿童文学作家成长和生存的制约性因素之一。就创作来看，一些儿童文学作家在写作观念上还欠缺一些深度的文化思考，写作很容易受商业化、市场化力量的误导。另外，有些儿童文学作家也欠缺一些文学素养和艺术技巧，还处于模仿阶段。有的作家完全是跟着市场写，受出版商的操控，缺乏艺术自主性。

李佳蔚：现在出现了很多文学名著的少儿简化本，比如《红楼梦》《三国演义》等等，你觉得儿童读这些简化本好，还是读原著好？

谭旭东：其实国外也有很多名著简化本。给孩子读一些名著简化本，没什么不好的，但关键是这些简化本、缩写本是否有质量保证？如果粗制滥造、文字质量不过关，那当然会败坏读者的胃口。在小学中低年级阶段，让孩子读一些名著简化本，能够让孩子早点儿了解名著，对以后的文学认识还是有好处的。

李佳蔚：现在很多出版社都在争着做儿童图书，是否意味着做儿童书就赚钱？这种现象你如何看待？

谭旭东：儿童图书市场大，中国有3亿多儿童读者，而且儿童读者的数量是呈动态增长的。再加上现在很多学校和家长都很重视儿童课外阅读，所以，儿童图书出版这些年越来越受到关注，越来越多的出版社都参与儿童图书出版。目前，国内有500多家出版社出版儿童读物，这就说明，做儿童图书肯定是有利可图的。但大家一窝蜂都涌向这个市场，如果不追求品质，只赶潮流，结果就不一定都令人满意。做儿童图书，市场空间大，但最终靠的还是质量取胜。

5. 暑期阅读要尊重孩子的兴趣
——答未来网殷维维问

团中央未来网记者殷维维老师在微博上,就暑假阅读向我提了几个问题,希望我和其他几位儿童阅读专家给予回答。下面,我一一来做回答。

殷维维:暑假期间,孩子该看什么书?可以看什么书?

谭旭东:暑假来了,家长都很关心孩子的课外阅读,想利用暑假,让孩子多读读书。有些老师在布置暑假作业时,也建议孩子们多读书。但暑假读什么书,孩子可以看什么书,得根据具体情况而定。首先,家长要依据自己孩子的识字能力、阅读能力和学习状况来安排孩子的阅读。如果孩子是小学中低年级学生,就不要让孩子读长篇名著,而应该选择一些优质的桥梁书、绘本、儿童诗、短童话等,千万不要动辄让孩子读"四大名著"。另外,小学中低年级的孩子,识字不多,文字理解能力有限,家长还要给孩子读书,因此不能忽视家庭亲子阅读。有些家长很懒惰,买了一堆书给孩子,也不管他能否自我吸收、自我理解,就逼着孩子自己读,这

爸爸妈妈，我该怎么看书？

是不对的。当孩子识字不多时，家长应该多给孩子读书。对小学中高年级的孩子，家长要鼓励孩子自己读书，包括读一些好的杂志。现在，很多家长买的书太厚，例如"国学""传统文化"等，不讲图书的趣味，其实，小学中高年级的学生最爱读的书，还是童话、儿童小说、幻想小说、冒险小说和一些科学图书。对于阅读能力稍强一点的孩子，当然可以优先选择一些篇幅不太长的世界经典儿童文学名著。值得提醒的是，有些家长看到市场上流行什么，就给孩子买什么，这样的话，孩子很容易跟着流行趣味走。

殷维维：现在我们看到的是，在很多家庭，一方面是家长掏钱热情地买书，一方面是孩子被动无奈地接受。而且在很多家庭，孩子看书还要兼顾"补习"。家长该如何平衡，如何引导？

谭旭东：这个问题问得非常好。很多家长买书，是在不了解孩子的读书和学习状况的情况下，一厢情愿地购买。一些家长自认为哪些书很重要很好，就买一堆给孩子。我在外面做讲座时，有一位家长就说她认为"学知识"最重要，所以她买了很多科普读物、科幻故事和游戏益智类图书给孩子，期望孩子读完书，就能学到很多知识。这种愿望是好的，但很功利。因为家长是把学知识当成了读书的第一也是唯一的目标。其实，读书，首先是享受文字，学会体验美感，找到故事的乐趣，然后再自然地生成知识，丰富头脑，拓宽视野。如果太急功近利，让孩子的阅读背上过重的学习负担，那么，孩子就不可能热爱读书，甚至可能抵触家长购买的书。在我们周围，很多家长把课外读书和课堂学习看成一回事，而且希望读书就是为了考试，这是对读书的一个误解。真正的阅读，是在自然的、轻松的、快乐的状态下，对文字世界感悟、理解，在文字殿堂里遨游。因此，真正的阅读，是无功利的，是心灵的自然舒展，是精神的自然飞翔，是想象力的自然张扬。如果家长把课外阅读当作"补习"，那么，暑假的阅读对孩子就是一个学习负担，暑假也就变成了"第三学期"。

殷维维：一到暑假，家长就忙着给孩子买书，可是有的家长反映：越买书，孩子越抵触，明明是想让他多看书，最后反倒成了压力。怎么办？

谭旭东：很显然，这是家长买书，孩子不买账。为什么呢？第一，家长买的书，孩子不喜欢。第二，家长买书给孩子读，一定有附加条件。比如，有的家长每买一本书给孩子，就要孩子读完后，写个读后感。孩子还没开始读，就感到了压力。我很反对一些家长一带孩子出去旅游，回到家里，就要孩子写游记；一给孩子买本书，就要孩子写读后感。暑假是孩子暂时脱离学校教育的一个精神放松和调整期，应该给孩子更多的自由空间，更多的活动空间；要倾听孩子，允许孩子有自己的想法。在阅读方面，家长不妨听听孩子的意见，看看他想读什么书，愿意看什么书，在了解他们阅读趣味的基础上，再决定买什么。购买童书时，要尽量考虑孩子的兴趣，适当地拓宽孩子的阅读面，引导孩子多读好书。比如，男孩子喜欢读冒险小说，就挑选一两套质量好的给他读，当然，也要买一些儿童小说和幻想文学给他读，不断延伸他的阅读空间。女孩子喜欢读温情童话，就挑选一两套质量好的童话给她读，然后再买一些经典的童诗、散文和儿童小说给她读。如果家长买书时考虑了孩子的兴趣，孩子会觉得家长是尊重他的，是真正理解他的，就会认可家长的买书，并理解家长的苦心。

殷维维：如何利用暑假培养孩子的阅读兴趣？

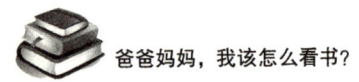

谭旭东：说实在话，孩子阅读兴趣的培养，需要家长一年四季都很用心。比如说，家庭阅读氛围的营造就需要家长的长期坚持。如果家长不爱读书，家里连个像样的书架都没有，而且家长总是埋怨书太贵，每次孩子想买本书读读，家长就舍不得，那么，孩子肯定不太爱读书。当孩子的阅读兴趣和好奇心刚刚有的时候，家长就要保护好，千万不要把它们给掐灭了。如果家长很注意营造家庭阅读氛围，也舍得给孩子买书，愿意和孩子一起读书，那么，孩子的阅读兴趣是很容易被激发出来的。暑假比较长，家长和孩子有比较多的时间一起相处，一起交流，家长应该抓住这段时间，给孩子多买好书，买一些孩子爱读的书，多做亲子阅读，多和孩子交流读书体会，让孩子感觉到家长爱读书，也愿意分享他的阅读乐趣，那么，孩子的阅读兴趣一定能够被激发出来。

第六辑 对话：浅谈儿童阅读

6. 社会要负责任地给儿童提供好书

——答新华社马超问

马超：新版《十万个为什么》定价两千多元，不少家长认为定价过高，同时反映童书市场价格混乱，定价超出家长承受范围。您怎么看社会上对童书定价过高的观点？

谭旭东：我没见过新版《十万个为什么》，如果定价两千多元，的确是很高的。我小时就爱读《十万个为什么》，也给女儿买过一套，但我觉得它的内容还不足以要做定价这么高的书，因为它是一套科普读物，定价应该大众化一些。不过，你提到的童书市场定价比较混乱，这个问题是存在的。童书定价也好，还是别的图书定价也好，应该有一些相对的标准，不能太离谱。现在一些民营文化公司做的童书，定价更是和正规出版社做的童书有明显差异，建议有关部门监管好这一个环节。

马超：童书定价的高低，会对儿童阅读推广带来哪些影响？

谭旭东：童书定价高低对儿童阅读推广没有直接的影响。儿童阅读推广的主要作用和目的，不是推广便宜书，而是要推荐好书，而且是真正适合不同年龄孩子接受的好书。目前国内童书出版总量大，品种多，可以挑选的余地大，那些聪明的老师和家长是不会被价格问题所难住的。会选书的家长和老师，总能在书店里找到适合孩子读的好书。

马超：目前影响童书（或图书）定价机制的因素有哪些？它们是如何影响童书（图书）定价的？如可能请您举例说明。

谭旭东：影响童书定价的因素主要有四个方面：一是出版社编辑、印刷的成本；二是作者稿费；三是物流成本；四是书店的折扣。当然，图书在销售时，尤其在实体书店销售时，还有折旧和退货，这一点也不可忽视。所以，总体来看，目前国内童书定价偏低，作者稿费偏低，出版社利润空间太小。童书主要的赢利方是书店，书店不承担任何风险，卖不掉的书，可以退给出版社。

马超：除了专业的少儿出版社外，国内500余家出版社都开始或已经涉足童书出版。您认为出现这一现象的原因是什么？

谭旭东：越来越多的出版社涉足童书出版，是市场因素造成的。童书市场大，尤其是在家长越来越重视孩子的教育的情况下，童书需求量很大。另外，国内对童书出版也没有明确的门槛，只要有出版资质的出版社，都可以出版童书。

马超：非专业出版社涉足少儿、童书出版领域，对少儿出版带来的影响有哪些？（负面或正面的影响是什么？）

谭旭东：非专业出版社做童书，加剧了童书出版的竞争，也使专业少儿出版社失去了它们过去长期占有的市场优势。这对童书出版的生态来说，是一件好事，但出版童书的出版单位多了，也会带来很多问题：一是童书出版可能失去控制，竞争过分激烈，容易形成乱局，因此要加强管理。二是原创儿童文学作品会成为众多出版社争夺的出版的资源，于是，名家争夺战就会开始，这很容易导致重复出版和一些版权纠纷。三是过度竞争也会使童书定价和营销等形成难以平衡的局面，出现恶性竞争、非正常渠道销售等现象。

马超：目前少儿图书有没有贵族化倾向？新版《十万个为什么》定价如此高，是否会造成孩子阅读产生等级之分？

谭旭东：坦率地说，如今全面阅读风气还有待进步，很多家庭还完全没有阅读意识，"阅读大众化"都没有完全实现，怎么可能会有"阅读贵族化"？在大部分民众还缺乏读书意识，还没有养成阅读习惯的社会，"阅读贵族化"也谈不上。但少量童书定价偏高、印刷过度的精装本，是不符合市场规律的，它与"阅读贵族化"也不是一回事。

马超：作为业内人士，您觉得目前少儿图书出版存在哪些问题？

谭旭东：当前少儿出版有这两个方面的问题值得注意：一是大部分少儿出版物还在走流行路线，读物层次不高，不能充分满足孩子对好书的期待；二是对原创进行过度挖掘和抢夺，但又缺乏真正扶持，所以出现了儿童文学创作的虚假繁荣，反而让作家失去了自我，找不到真正努力的方向。很多作家忙于应付出版社的约稿，尽量讨好出版社、讨好市场，结果，低层次的少儿图书图书越来越多。

马超：孩子的钱最好赚，为此现在很多出版社都涉足童书出版，但很多书被不同出版社反复出版。少儿图书出版是否需要规范？如何规范？

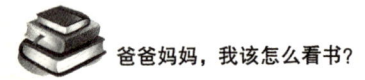

谭旭东:"重复出版"现象很严重,造成了出版资源的浪费,也容易扰乱图书市场,建议有关部门切实监管,控制出版乱象。当然,具体来说,一要坚决杜绝书号买卖行为,二要打击出版侵权,三是出版单位把好选题关。

第六辑 对话：浅谈儿童阅读

7. 儿童文学作家要和孩子心灵相通

——答《劳动午报》记者问

记者：您现在的研究项目和关注的是什么？

谭旭东：现在我主持着中国作家协会、教育部等多个社科研究项目，主要研究当代文学和儿童文学，也关注儿童阅读和出版文化，同时也从事儿童文学创作，出版了《重构文学场》《我的书生活》《重绘中国儿童文学地图》《童年再现与儿童文学重构》和《儿童文学的多维思考》等10多部当代文学和儿童文学理论著作，以及《夏天的水果梦》《图画书的小麻雀》《谭旭东微童话》《太阳的味道》和《有书的日子真好》等60多部童诗、儿童散文、童话、寓言故事和儿童小说。

记者：您一直在关注儿童、关注儿童读物，您的初衷是什么？现在我国儿童读物的现状又是什么呢？

谭旭东：如果从1995年第一次在《小溪流》杂志发表儿童诗来算，我从事儿童文学创作20多年了。但真正热心于儿童文学创作，关注儿童读物，还是在我做父亲以后。2003年，我女儿出生，小生命给了我莫大

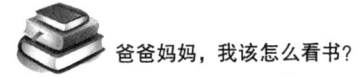
爸爸妈妈，我该怎么看书？

的欣慰，我觉得自己应该认真地研究儿童文学，多为孩子写一些好作品。从那时候起，创作和研究儿童文学就成了我的主业。说起现在我国儿童读物的状况，总体来看，还是朝好的方向发展的，作家队伍在扩大，童书出版数量也在增加。但也出现了一些问题，比如说，现在全国500多家出版社，几乎家家在做童书，竞争激烈，但又没有很好的监管措施，所以市场上儿童读物良莠不齐，劣币有驱逐良币的态势。而且现在儿童读物重复出版、跟风炒作现象也比较严重，令人担心。

记者：您与孩子们在一起的时候，孩子们给您留下的什么印象最深刻？

谭旭东：经常和孩子们在一起，我发现孩子们身上有很多成年人没有的优点。比如，孩子们很宽容，即使有时候别人伤害了他、欺负了他，他也会很快忘却。比如，孩子们的理解力比我们想象的丰富多了。我们总以为孩子们的认识力和辨别力不如我们，其实他们的眼睛最雪亮。当然，和孩子们在一起时，最让我感动的是孩子们总会用信任的目光看着我。

记者：您的童年里哪些事让您最记忆深刻？是遇到的危险，还是小时候的调皮？

谭旭东：我的童年在乡村度过，说实在的，小时候家里生活很清贫，我记得有一年中秋节都买不起月饼，看着同村的小伙伴们有月饼时，心里很难受。但那时候，家里实在太清贫，逢年过节都很难吃到城里孩子能够吃到的食品。另外，最让我难忘的是，爸爸总能想办法给我点零花钱，但我会去镇上的新华书店买几本书。现在想起来很幸运，童年生活虽然很苦，但我有书读，有好书陪伴。这是我一辈子都难以忘记的回忆。

记者： 这么多年的工作生涯中，不管是平日的工作中，或者参加的六一儿童节的活动中，抑或是您的新作品发布现场，有没有关于您和孩子之间的感人故事？

谭旭东： 说实在话，与孩子打交道，我经常会遇到一些很感人的场面或者事件。记得几年前，我在北京一所小学做关于阅读与写作的讲座，讲座结束后，一位孩子在妈妈的陪同下走过来说，说："谭叔叔，我收藏了你出版的所有的童书。你相不相信？"我很惊讶，当然也很相信，对他点点头，说："谢谢你！叔叔以后再有新书就会送给你。"后来，我把手机号留给了那位妈妈，让她有时间和我联系一下，我一有新书就送给这个孩子。之后的一个周六，那位妈妈带着孩子来我家里，她和孩子一起抬着一个大包，里面全是我的书——要我一一签名呢！

记者： 您认为现在的孩子最需要的是什么？我们应该怎么呵护孩子的童心？

谭旭东： 与家长交流时，我感觉现在的孩子最需要的是家庭之爱和亲子教育。很多农村家庭，父母出去打工，把孩子留在家里，交由老人抚育，因此农村留守儿童缺乏父母之爱，缺乏父母的陪伴。城市里，很多年轻的父母把孩子交给了老人或者保姆，所以孩子也缺乏真正的父母之爱。我在讲座的时候讲到，以隔代教育取代亲子教育是中国家庭教育最大的问题。没有父母之爱，孩子的心理和精神的成长可能就会有问题。因此，我呼吁家庭教育要回归到父母的爱与责任上。连一个老鼠妈妈都知道呵护自

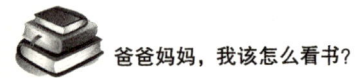

己孩子，更何况我们人呢？做了父母，第一应该给孩子足够的爱与关怀；第二要激发孩子潜能，唤醒孩子的智慧；第三要关注孩子的阅读，指导和引领孩子的阅读；第四要信任孩子，要培养孩子的信心、勇气和智慧。忽视孩子，打骂孩子，甚至虐待孩子，都是父母之罪，都会给童心留下创伤。

第六辑　对话：浅谈儿童阅读

8. 少儿数字阅读需要良好的引导

——答《图书馆报》孙莉薇问

2013年5月，"全国少年儿童数字阅读推广月"在天津市少年儿童图书馆启动。通过搭建数字阅读推广平台整合我国优秀少儿数字读物，为少年儿童提供丰富多彩的文献信息资源，提供一个网上绿色阅读平台。该活动是我国图书馆界首次在全国范围内针对少年儿童举行的数字媒体服务活动。

其实，少儿数字阅读不仅仅是图书馆一家之事，出版社、少儿作家、阅读推广人以及广大家长对此都应给予充分关注。《图书馆报》记者孙莉薇就此话题对我进行了采访。

孙莉薇：您的孩子，或者您身边的孩子是否对数字阅读有浓厚的兴趣？他们通过什么终端进行数字阅读？每天数字阅读的时间是多少？阅读的种类是多少？

谭旭东：当今数字阅读已不是一个新现象，我身边有不少家长让孩子玩 iPad 和手机。在大学里，也有不少人用电子阅读器读书。也有一些父

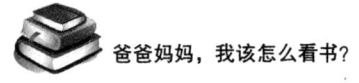
爸爸妈妈，我该怎么看书？

母有意地让孩子读电子书，尤其是用 iPad 阅读电子书来替代亲子阅读和纸质书阅读，比如，读读童话和儿歌，看看小说。但在很多家庭里，数字阅读并不是主流，很多孩子只是把看电子图书当作消遣性阅读。

孙莉薇：如何看待少儿对数字阅读的热衷这一现象？

谭旭东：少儿热衷数字阅读这一提法，我个人觉得还值得商榷。因为很多少儿并不是利用电子新媒体进行阅读，而是把它当作玩具，并非当作学习和阅读的工具。

孙莉薇：对于少儿数字阅读，应如何进行积极的引导？

谭旭东：我个人觉得，数字阅读最重要的一个问题，就是对少儿视力的影响，至于对学习习惯和阅读习惯的影响倒不是最大的问题。对幼儿来说，父母要尽量避免孩子过早接触电子阅读工具，尽量不要以数字阅读来替代纸书阅读，至少这样可以保护孩子的视力。因为孩子的视网膜神经还没完全发育好，孩子过早面对电子屏幕，会伤害视力，造成近视、散光或色盲。因此，父母要尽量让孩子多读纸质的好书，以这种亲子阅读来影响孩子的童年。

孙莉薇：您对于少儿数字阅读（少儿数字出版）的发展有什么期待？

谭旭东：就目前来看，少儿数字阅读和数字出版，是雷声大，雨点小。很多出版机构都在张罗，但像样的产品少，而且还难以得到广大读者的认可。但数字传播已成为一个重要的传播模式，因此数字出版和阅读肯定会成为一个重要途径。数字出版和阅读趋势化是不可避免的，只是少儿数字出版和阅读要发展一定要符合孩子的成长需要，同时要尽量有益于孩子的身心健康，做到了这一点，少儿数字出版和阅读，就会大力推行开来。

附录：我专心为孩子们写的童书

我专心为孩子们写了很多书，还为孩子们主编、翻译了一些绘本、童诗、童话、幻想小说和寓言故事。这里列出 48 本，它们都适合家庭亲子阅读，也适合小学生自主阅读。当当网、京东、卓越亚马逊等网络书店均有售，希望得到读者们喜爱。

1. 《夏天的水果梦》（童诗集），重庆出版社；
2. 《你带着一朵花儿来了》（童诗集），明天出版社；
3. 《太阳的味道》（散文集），新疆美术摄影出版社；
4. 《有书的日子真好》（散文集），黑龙江少儿出版社；
5. 《最初的脚步》（散文集），万卷出版公司；
6. 《蜗牛的房子》（童话集），河北少儿出版社；
7. 《一颗甜甜的巧克力》（童话集），中国福利会出版社；
8. 《森林里的路灯》（童话集），中国轻工业出版社；
9. 《七星瓢虫的歌》（童话集），中国轻工业出版社；
10. 《图画书里的小麻雀》（童话集），中国轻工业出版社；
11. 《一只蜜蜂的想法》（童话集），中国轻工业出版社；

12. 《鹅太太的烦恼》（童话集），电子工业出版社；

13. 《淘气包小黑熊》（童话集），电子工业出版社；

14. 《爱做梦的兔子》（童话集），电子工业出版社；

15. 《梅花鹿的笛声》（童话集），电子工业出版社；

16. 《小兔子的生肖》（童话集），中国轻工业出版社；

17. 《哼哼猪和月亮河》（童话集），中国轻工业出版社；

18. 《小甲虫的旅行》（童话集），中国轻工业出版社；

19. 《棕熊盖房子》（童话集），中国轻工业出版社；

20. 《爱心野菊》（童话集），同心出版社；

21. 《雪天的问候》（童话集），同心出版社；

22. 《小猪的豌豆花》（童话集），同心出版社；

23. 《红嘴鸟缝衣店》（童话集），同心出版社；

24. 《爱耍嘴皮子的黑熊》（童话集），黑龙江少儿出版社；

25. 《谭旭东微童话》（童话集），未来出版社；

26. 《小精灵探核记》（长篇童话），金盾出版社；

27. 《签字笔的烦恼》（寓言集），延边大学出版社；

28. 《这班男生有些萌》（儿童小说），黑龙江少儿出版社；

29. 《这个班级糗事多》（儿童小说），黑龙江少儿出版社；

30. 《猪太太的糖果店》（童话集），黑龙江少儿出版社；

31. 《鹅妈妈的华尔兹》（童话集），黑龙江少儿出版社；

32. 《小熊的星河湾》（童话集），黑龙江少儿出版社；

33. 《小河马的童话屋》（童话集），黑龙江少儿出版社；

附录：我专心为孩子们写的童书

34. 《森林里的调皮猴》（童诗、散文和童话集），清华大学出版社；
35. 《雪后的小鸟》（童诗、散文和童话集），清华大学出版社；
36. 《狐狸皮卡卡盖楼》（童诗、散文和童话集），清华大学出版社；
37. 《给春天开门》（童诗、散文和童话集），清华大学出版社；
38. 《小熊的小树叶童话》（童话集），现代出版社；
39. 《童年的月光光》（散文集），山东人民出版社；
40. 《我的书生活》（散文集），安徽教育出版社；
41. 《风儿是个淘气包》（童诗集），山东人民出版社；
42. 《飞翔的小仙子》（童话集），山东人民出版社；
43. 《狐狸爱吹牛》（童话集），山东人民出版社；
44. 《森林里的路灯》（绘本），广东教育出版社；
45. 《十一份检讨书》（儿童小说），黑龙江少儿出版社；
46. 《蜡笔森林的故事》（童话集），黑龙江少儿出版社；
47. 《乌石塘的孩子》（儿童散文集），黑龙江少儿出版社；
48. 《我只是一只小鸟》（童话诗集），黑龙江少儿出版社。

图书在版编目（CIP）数据

爸爸妈妈,我该怎么看书?:7-12岁亲子阅读指导全攻略/谭旭东著.—济南:山东文艺出版社,2017.6

ISBN 978-7-5329-5492-6

Ⅰ.①爸… Ⅱ.①谭… Ⅲ.①阅读教学—儿童教育—家庭教育 Ⅳ.①G782

中国版本图书馆CIP数据核字(2017)第101870号

爸爸妈妈,我该怎么看书?
——7-12岁亲子阅读指导全攻略
谭旭东 著

主管部门	山东出版传媒股份有限公司
出版发行	山东文艺出版社
社　　址	山东省济南市英雄山路189号
邮　　编	250002
网　　址	www.sdwypress.com
读者服务	0531-82098776（总编室） 0531-82098775（市场营销部）
电子邮箱	sdwy@sdpress.com.cn
印　　刷	山东德州新华印务有限责任公司
开　　本	710毫米×1000毫米　1/16
印　　张	13.5　插页/2
字　　数	130千
版　　次	2017年6月第1版
印　　次	2017年6月第1次印刷
书　　号	ISBN 978-7-5329-5492-6
定　　价	32.00元

版权专有,侵权必究。如有图书质量问题,请与出版社联系调换。

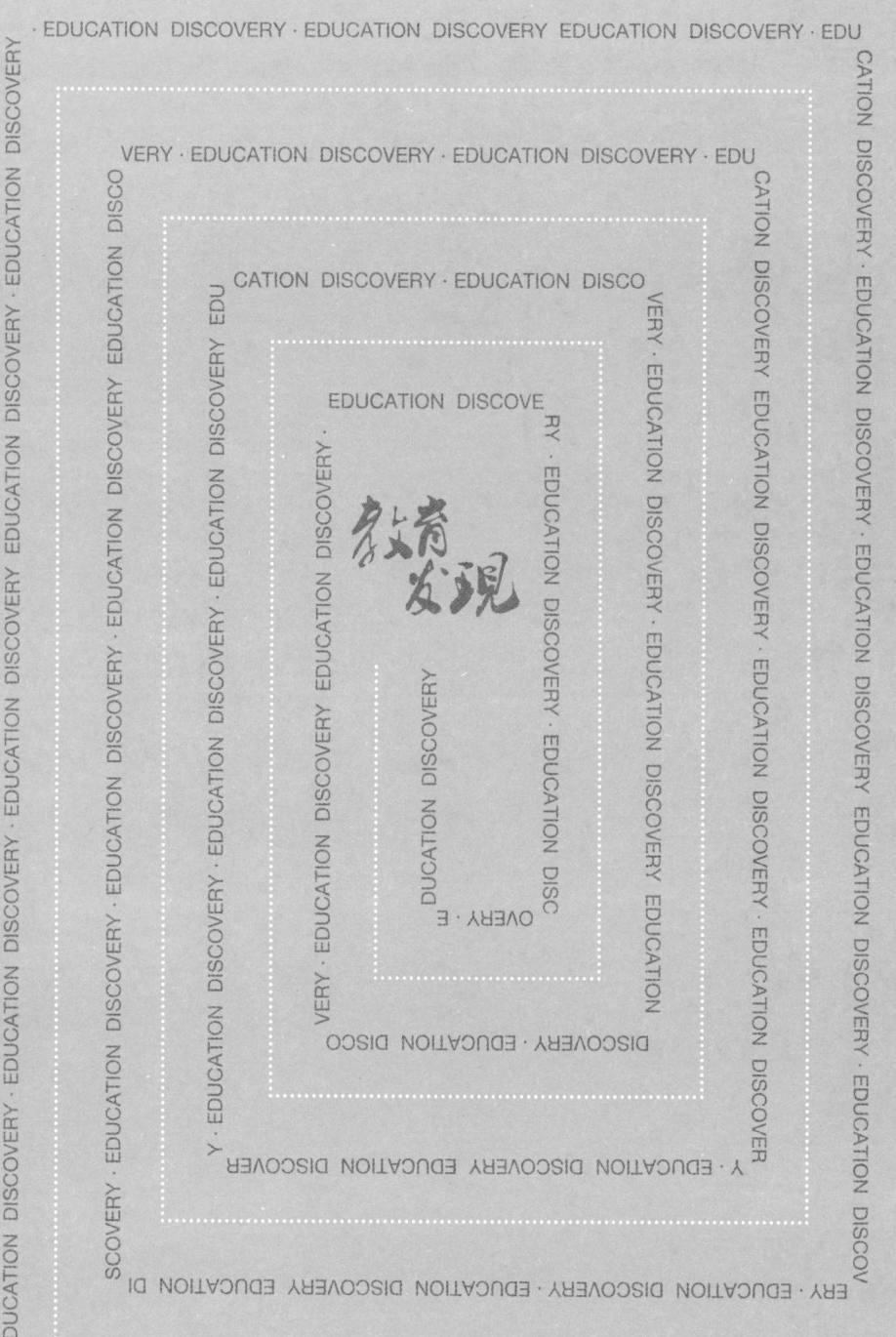

教育发现